성공의 열쇠는
적성이나 재능이 아니라
집중력이다

국립중앙도서관 출판시도서목록(CIP)

성공의 열쇠는 적성이나 재능이 아니라 집중력이다 /세론 Q.
듀몬 지음 ; 최준수 편역. - - 인천 : 북뱅크, 2006
  p. ;   cm. - - (북뱅크 비즈니스 ; 8)

원서명 : The Power of Concentration
원저자명 : Dumont Theron Q.
ISBN 89-89863-47-3 03840 : ₩8500

181.4-KDC4
153.1532-DDC21   CIP2006001276

The Power of Concentration
Text by Theron Q. Dumont

First published 1918 under the title "The Power of Concentration"

---

* 「성공의 열쇠는 적성이나 재능이 아니라 집중력이다」는 〈The Power of Concentration〉의 Kessinger Publishing's Rare Reprints(Printed in the United States)를 텍스트로 하여 요약 · 재편집하였습니다.

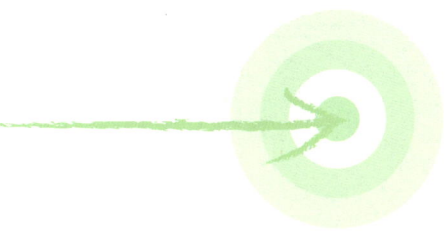

The Power of Concentration

성공의 열쇠는
적성이나 재능이 아니라
집중력이다

세론 Q. 듀몬 지음 | 최준수 편역

북뱅크

머리말

무언가를 달성하기 위해서는 집중해야만 합니다.

그것은 누구나 알고 있는 사실입니다. 무슨 일을 하든지 성공하기 위해선 지금 하고 있는 일에 대해 온 정신을 집중하지 않으면 안 됩니다.

하지만 한 가지 일에 오랫동안 생각을 집중시키지 못한다 하더라도 낙담하지 마십시오. 처음부터 그것이 가능한 사람은 아주 극소수에 불과합니다. 이상하게도 자신에게 도움이 될 만한 일보다 도움이 되지 않는 일에 집중하는 편이 더 쉬운 법입니다. 그러나 이러한 경향은 의식적인 노력으로 집중력을 터득함으로써 극복할 수 있습니다.

집중하는 힘이 몸에 배면 이미 성공은 당신 것입니다. 왜냐하면 집중할 수 있는 사람은 건설적인 생각을 남김없이 활용하며, 파괴적인 생각은 모두 몰아낼 수 있기 때문입니다.

인간이란 훌륭한 동물입니다. 하지만 의미 있는 존재가 되기 위해서는 스스로 단련하고 무한한 능력을 키워야 합니다. 전력을 다해 의지력을 불태우기만 하면 누구나 멋진 일들을 해낼 수 있습니다. 아무리 훌륭한 사람이라도 집중력과 노력이 부족해서는 아무것도 달성할 수 없습니다. 아무리 평범한 사람이라도 집중력이라는 마법과도 같은 힘으로 자신을 변화시키기만 한다면 위대한 사람들이 하는 일도 가능해집니다. 반대로 집중력이 부족한 사람들은 작은 일밖에 할 수 없겠지요.

우리는 적성보다도 집중력에 의해 많은 일들을 달성합니다. 어떤 자리에 가장 적합할 것 같이 보이는 사람이 반드시 그 자리에서 최고의 일을 해낼 수 있다고 단정 지을 수는 없습니다. 자신이 가진 모든 가능성에 집중할 수 있는 사람이야말로 멋진 일, 멋진 인생을 창조해낼 수 있습니다. 참된 전진이란 반드시 당신 스스로

의 노력으로 이루어지는 법입니다.

  자신의 생각이 인생에 있어서 얼마나 중요한 비중을 차지하는지 생각해보신 적이 있습니까? 이 책을 읽어보시면 집중력의 원대함과 그 끝을 알 수 없는 효과를 알게 될 것입니다.

  각 레슨은 어느 하나 빠짐없이 실용적인 내용으로 구성되어 있습니다. 트레이닝은 모두 내가 직접 시도해본 것들입니다. 이것들은 자신을 위해 무엇을 할 수 있는지를 제시해주는 트레이닝입니다.

  이 책에 씌어 있는 사고 집중의 방법을 실행한다면 당신 안에 길이 열릴 것입니다. 사람은 제각기 다르기 때문에 만인에게 같은 가치를 가진 지시를 내린다는 것은 불가능한 일입니다. 당신에게 있어서의 '그 무엇인가'는 이 책에는 명확하게 표현되어 있지 않을지도 모릅니다. 때문에 당신 스스로가 나름대로 자신의 내면에

  있는 그 무엇인가를 각성시키고 단련하는 수단으로서 각 레슨을 활용해주십시오. 모든 행동과 생각을 정신력과 집중력의 힘을 가지고 행하십시오.

  이 책의 레슨을 온전히 활용하기 위해서, 한 장을 읽고난 다음 책을 덮고, 씌어 있는 내용에 대해 곰곰 생각해보십시오. 이 방법을 따르면 금세 정신집중의 습관이 몸에 배고, 평소 속도로 읽어도 내용을 모두 외울 수 있게 될 것입니다.

세론 Q. 듀몬

| 차례 |

머리말 4

레슨 01 | 집중력이 있으면 길은 열린다

신성한 자신에게 지배권을 줄 것인지,
야만적인 자신에게 지배권을 줄 것인지는 당신의 선택에 달려 있다 | 16
「기회는 한번밖에 찾아오지 않는다」라는 속담은 틀린 말.
기회가 우리를 찾아오는 것이 아니라 우리가 기회를 찾아내는 것이다 | 18
매달 하루는 얼마나 자신이 진보했는지를 곰곰이 생각해보는
시간을 가져라 | 20
'나는 이것밖에 못한다'가 아니라, '나는 이만큼이나 할 수 있다'라는
생각을 갖도록 하자 | 22
성공하는 사람은 무슨 일에서든 완성을 예감하는 습관을 가지며,
항상 성공을 확신하는 사람이다 | 24
'큰사람' 일수록 장애물이 작게 보이고,
'작은사람' 일수록 장애물이 크게 보인다 | 26

레슨 02 | 집중력으로 터득하는 셀프컨트롤

자기관리 기능이 충분히 발달되지 않은 사람은
정신 집중력이 결여되어 있다 | 30
사람은 집중을 함으로써 정신적·육체적 에너지를
한 곳에 집결시킬 수 있다 | 32
자신의 일과 행동을 모두 통제하면, 그 결과 다른 사람까지도
통제할 수 있다 | 34
냉정해지면 냉정해질수록 집중력은 높아진다 | 36
자신을 통제하지 못하고 흥분을 억제할 수 없는 사람은 집중하지 못한다 | 38
자기자신에게 눈을 돌리고 그 가능성에 집중하면 집중력이 높아진다 | 40
신경과 근육이 강인해지면 마음도 강인해진다 | 42
악수하는 손에는 그 사람의 마음과 인격이 들어 있다 | 44
집중력이라는 것은 몸과 마음을 통제하는 것을 의미하며,
몸을 통제할 수 없으면 마음도 통제할 수 없다 | 46

레슨 03 | 바라는 것을 손에 넣는 법

바라는 것들을 마음속에 그리면서 그것이 실현될 때까지
의지를 그곳에 집중시킨다 | 50
내가 손 댄 일은 전부 다 완성할 수 있다고 확신할 것 | 52
성공하기 위한 마음가짐 —
「나는 길을 찾겠다. 길이 없으면 만들겠다!」| 54
올바른 일은 모두 실현 가능하다 | 56

레슨 04 | 어떤 비즈니스에서도 성과를 창출해내는 힘

당신의 생각이 당신이라는 한 인간을 만든다 | 60
당신의 생각이 고귀할수록
고결한 생각의 소유자들과 연결고리가 형성된다 | 62
당신은 당신에게 커다란 행복을 가져다줄 가능성을 지니고 있다 | 64
현명하게 대화하려면 먼저 침묵이 필요하다 | 66

레슨 05 | 생각이 있는 곳에 길이 있다

인생을 자신이 바라는 것들로 채워진 환경으로 만드는 것은
자기 자신의 의지이다 | 70
무지라는 이름의 장애물이 성공을 방해한다 | 72
두려움을 모르는 사람과 두려움에 사로잡힌 사람의 차이점은
의지와 희망이 있느냐 없느냐 하는 것이다 | 74
무슨 일을 하든지 그 때 하고 있는 일만을 생각하라 | 76

레슨 06 | 의지력을 키우는 트레이닝

의지력을 어떻게 사용하느냐에 따라 인생에 큰 차이가 생긴다 | 80
천재란 어떤 고생도 마다하지 않고 작은 일들을 계속해나가는
강한 의지의 소유자를 말한다. | 82
자신의 약점을 극복하는 법 | 84

애매한 계획이 아니라 명확한 계획을 세우고 끝까지 포기해서는 안 된다 | 87
성공한 사람들은 신속한 결단으로 기회를 재빠르게 낚아채고 있다 | 89
지성을 연마하기보다 의지력의 사용법을 배우는 일이 더 중요하다 | 92

레슨 07 | 무한한 정신력을 끄집어내라

멘탈·디맨드란 바라는 것들을 마음 속에서
강하게 끌어당기는 힘을 말한다 | 96
성공을 쟁취하기 위한 첫 번째 비결은 끈기이다 | 98
간절하게 바라는 일이 원하는 것을 손에 넣기 위한 첫 걸음이다 | 100
성공하고 싶다면 그 동안 자신이 이뤄낸 일에 대해 결코 만족하지 말 것 | 102
성공하는 데 나이는 아무런 상관이 없다 | 104

레슨 08 | 평온한 정신상태가 집중력을 키운다

자신이 생각을 지배하지 못하고, 생각에 지배권을 넘기는 사람은
성공할 수 없다 | 108
자기자신을 매력적이라고 생각하고 그 생각에 집중을 한다면
다른 사람들도 똑같이 느낄 것이다 | 110
인생을 통제하고 싶다면 우선 자신의 생각을 통제해야 한다 | 112
자신의 한계를 정하는 것은 자기자신이다 | 114

레슨 09 | 집중력으로 악습을 끊다

좋은 습관을 만드는 것은 좋지 않은 습관을 만드는 것만큼이나
쉬운 일이다 | 118
습관을 통제하는 다섯 가지 원칙 | 120
사람을 강하게 만드는 것도 약하게 만드는 것도 습관이다 | 124

레슨 10 | 집중력으로 비즈니스에서도 성공한다

소원을 행동에 옮기지 않는 사람은 그저 단순한 몽상가에 불과하다 | 128
스스로를 성공한 사람이라 생각하고 또 그렇게 믿으면
다른 사람들에게서 그렇게 인정받게 된다 | 130

자신이 내린 모든 결단에 자신감을 갖고 행동하면
주위 사람들의 신뢰를 얻을 수 있다 | 132
목표를 높이 설정해두면, 목표에 조금 덜 미치더라도
많은 것을 달성할 수가 있다 | 134
긍정적이고 결연한 자세로 일에 임하는 사람은
사람들로부터 인정을 받는다 | 136
당신의 내면에 존재하는 무한한 힘을 믿는다면
책임을 두려워할 필요가 없다 | 138

레슨 11 | 용기 있는 사람, 용기 없는 사람

'할 수 있을지도 모르는 일'이 아니라
'충분히 가능한 일'로 여기는 것이 용기이다 | 142
용기 없는 사람은 문제가 발생하면 애써 극복하지 못하는 이유를
찾으려고 한다 | 144
좌절하는 사람이 많은 것은 자신의 능력에 의심을 품기 때문이다 | 146
용기 이외에 장애물을 극복할 수 있는 것은 아무것도 없다 | 148

레슨 12 | 부(富)를 부르는 힘

올바른 조건하에 손에 넣은 부(富)는 인생을 풍요롭게 해준다 | 152
사람들은 스스로 직접 실패를 경험하고,
실패의 경험을 활용하여 성공한다 | 154
부를 생각하면 부를 끌어들이게 된다 | 156
부를 손에 넣기 위해선 자신의 주변을 좋은 영향을 끼치는
환경들로 가꿔나가야 한다 | 158

레슨 13 | 성공할 수 있는지 없는지는 당신에게 달려있다

성공을 위한 필수조건은 「에너지」와 「성공하겠다는 의지」이다 | 162
시작하기 전엔 어렵게 보이던 일도 막상 해보면 의외로 쉬울 수 있다 | 164
기회가 언제 찾아와도 바로 도움이 될 만한 자질과 인간성을
키워나가야 한다 | 166

레슨 14 | 집중력을 기르는 트레이닝

사람은 항상 자신이 그리는 이미지를 따라 행동하고 있다 | 170
생각을 분산시키지 않고 한 점에 집중시키면 그 생각이 「힘」을 받는다 | 172
무언가를 이루고 싶을 때는 망설임이나 두려움 없이
이미 실현됐다고 생각한다 | 174
집중력을 기르기 위한 트레이닝의 실제 19가지 | 176

레슨 15 | 기억력을 단련하려면

뭔가를 기억하기 위해서는 그와 관련된 것들과 연결지어
강한 인상을 만들어야 한다 | 200
자기가 정한 일에 주의력을 집중시키면 「연상의 법칙」의 도움을 받아
기억력을 단련할 수 있다 | 202
귀를 기울여 집중한다는 것은 내면에 있는 최고의 힘을 갈고닦는 것이다 | 204

레슨 16 | 꿈은 이루어진다

성공할 수 있다는 자신감을 가지면 무엇이든 이루어진다 | 208
자기 안에 있는 신을 찾아내기 위해 더욱 더 자신을 신뢰할 것 | 210
날마다 성공의 이미지를 그리다보면 곧 현실로 나타나게 된다 | 212

레슨 17 | 집중력이 이념을 키운다

당신의 행복이나 성공도 당신의 이념에 의해 좌우된다 | 216
이 세상에 당신이 의지할 수 있는 것은 오직 당신 자신밖에 없다 | 218

레슨 18 | 마음가짐과 성공과의 관계

회사가 성공할 수 있느냐 없느냐는 종업원들의 결속 정도에 비례한다 | 222
상대를 성공으로 이끄는 직선적이고 긍정적인 메시지를 발신하자 | 225
미래의 비즈니스에서는 실력주의 정신이 필요하다 | 228
마음가짐과 성공은 우리가 생각하는 것 이상으로 깊은 관계가 있다 | 230

레슨 19 | 집중력으로 키우는 강한 의지

운동으로 근육을 단련하듯이 「강한 의지」 역시 단련할 수가 있다 | 234
의지력은 자기자신을 알고 스스로를 단련하지 않고서는
손에 넣을 수 없다 | 244
중요한 것은 능력이 아니라 하고자 하는 의지다 | 246
추진력이라는 「힘」이 존재하기 때문에
사람들은 훌륭한 일을 해낼 수 있다 | 248

레슨 20 | 다시 한 번, 집중력의 소중함에 대해서

아무리 훌륭한 조언도 당신이 실행에 옮기지 않으면
아무런 도움도 되지 않는다 | 252
기회는 모든 사람들의 문을 두드린다 | 254
「오늘은 집중 못 하겠다」는 말은 절대로 하지 않는다 | 256
일정한 시간 동안 오직 한 가지 대상에만 주의를 계속 기울이다보면
곧 집중력이 몸에 밴다 | 258
자신이 가진 역량만큼 행복해질 수 있다 | 260

인생에 목표로 삼아야 할 두 가지가 있다.
하나는 자기가 원하는 것을 얻는 것이요,
그 다음은 그것을 즐기는 것이다.
가장 현명한 사람만이
두 번째 목표를 달성할 수 있다.

로건 스미스

LESSON

집중력이 있으면 길은 열린다

01 신성한 자신에게 지배권을 줄 것인지, 야만적인 자신에게 지배권을 줄 것인지는 당신의 선택에 달려 있다.

02 「기회는 한 번밖에 찾아오지 않는다」라는 속담은 틀린 말. 기회가 우리를 찾아오는 것이 아니라 우리가 기회를 찾아내는 것이다.

03 매달 하루는 얼마나 자신이 진보했는지를 곰곰이 생각해보는 시간을 가져라.

04 '나는 이것밖에 못한다'가 아니라, '나는 이만큼이나 할 수 있다'라는 생각을 갖도록 하자.

05 성공하는 사람은 무슨 일에서든 완성을 예감하는 습관을 가지며, 항상 성공을 확신하는 사람이다.

06 '큰사람'일수록 장애물이 작게 보이고, '작은사람'일수록 장애물이 크게 보인다.

chapter 1

신성한 자신에게 지배권을 줄 것인지, 야만적인 자신에게 지배권을 줄 것인지는 당신의 선택에 달려 있다

●

 사람은 누구나 두 가지 내면을 가지고 있습니다. 전진하고자 하는 자신과 후퇴하고자 하는 자신입니다. 어느 쪽의 자신을 집중해서 키우느냐에 따라서 최종적으로 자신이 어떻게 되는가가 결정됩니다. 양쪽 다 지배권을 잡으려고 할 것입니다. 결단을 내릴 수 있는 것은 당신의 의지력뿐입니다. 의지력을 가지고 부단한 노력을 한 사람만이 기적이라 할 만한 일들을 해낼 수 있습니다.
 바로 당신이 그런 사람일 수 있습니다. 그렇게 되고 싶다고 하는 강한 의지력만 갖는다면 분명히 될 수 있습니다. 「의지력」이란, 길을 찾아내고 길이 없으면 길을 만드는 것이기 때문입니다.
 그저 평범한 하루하루를 보냈던 사람이 어느 날 갑자기 혼수상태에서 깨어나기라도 한 듯 자신의 내면에 있는 가능성을 키워 거듭난 사람들, 그런 사람들의 사례는 책 한 권을 쉽게 쓸 수 있을 정도로 많이 있습니다. 인생의 전환점을 결정할 수 있는 것은 당신

자신 이외에는 없습니다. 신성한 자신에게 지배권을 줄 것인지, 야만적인 자신에게 지배권을 줄 것인지는 당신의 선택입니다.

　하고 싶지 않은 일을 할 필요는 없습니다. 따라서, 간절히 바라면 누구나 자신의 인생의 연출가가 될 수 있습니다. 우리들의 행위는 훈련의 결과입니다. 인간은 떡처럼 부드럽기 때문에 자신의 의지력으로 어떤 식으로든 통제할 수 있는 것입니다.

그렇게 되고 싶다고 하는 강한 의지력만 갖는다면 기적을 일으킬 수 있습니다. 「의지력」이란, 길을 찾아내고 길이 없으면 길을 만드는 것이기 때문입니다.

chapter 2

'기회는 한 번밖에 찾아오지 않는다' 라는
속담은 틀린 말. 기회가 우리를 찾아오는 것이
아니라 우리가 기회를 찾아내는 것이다

●

　'그가 그렇게 행동하는 건 당연한 일일지 몰라. 아버지를 보고 배운 거니까 말이야' 라고 말하는 사람이 있습니다. 즉, 그는 부모가 하던 대로 따라했을 뿐이라는 것이지요. 그런 경우가 많기는 하지만 '자신의 의지' 로 움직이는 것을 터득한 순간부터 습관은 고칠 수 있기 때문에 그것이 이유가 될 수는 없습니다. 습관은 후천적으로 익힐 수 있는 것입니다. 앞에서도 말했지만, 어느 순간 혼수상태에서 깨어난 사람처럼 쓸모없는 인간으로 살아왔던 인생을 접고 훌륭한 인물이 되는 길을 걷기 시작하는 경우가 있으니까요.

　'기회를 놓쳐버렸다' 고 말하는 사람들을 흔히 봅니다. 정말 그럴지도 모르지요. 하지만 의지력만 있다면 얼마든지 다른 기회를 발견할 수 있습니다. '기회는 한 번밖에 찾아오지 않는다' 라는 속담은 틀린 말입니다. 정확하게 말하면, 기회가 우리를 찾아오는 것이 아니라 우리가 기회를 찾아내는 것입니다.

어떤 사람에게 있어서의 기회는, 대개는 다른 누군가에게 있어서의 패배입니다. 두 사람 모두 기회는 똑같이 있었는데도 한 사람은 '기회를 놓쳤다'고 하며 한탄하게 되겠지요.

좋은 책을 읽어도 별로 얻는 것이 없다고 말하는 사람이 있습니다. 그런 사람들은 그 어떤 책이나 강좌도, 당사자로 하여금 스스로가 자신의 가능성에 눈뜨도록 유도하기만 할 뿐이라는 사실을 알지 못하는 사람입니다.

누군가에게 이 세상 끝나는 날까지 무언가를 가르친다 하더라도, 결국 그 사람이 얻을 수 있는 것은 자기 스스로 터득한 것밖에는 없습니다. 속담대로 '사람을 샘으로 인도할 수는 있어도 물을 마시게 할 수는 없다'는 것입니다.

> '기회는 한 번밖에 찾아오지 않는다'라는 속담은 틀린 말입니다. 정확하게 말하면, 기회가 우리를 찾아오는 것이 아니라 우리가 기회를 찾아내는 것입니다.

chapter 3

매달 하루는 얼마나 자신이
진보했는지를 곰곰이 생각해보는
시간을 가져라

●

우리가 주는 것이 그대로 자신에게 돌아옵니다. 사람이라면 누구든지 격려를 받거나 의지하고 싶을 때가 있기 마련입니다. 다른 사람을 격려하는 습관을 만들면 상대도 자신도 힘이 생긴다는 걸 알 수 있습니다. 왜냐면, 힘이 솟아나는 고양된 마음이 그대로 자신에게 돌아오기 때문이죠.

인생은 우리에게 더 나은 길로 갈 수 있는 기회를 줍니다. 매달 하루는 얼마나 진보했는지 곰곰이 생각해보는 시간을 갖도록 합시다. 만약 '본래의 모습'에 도달하지 못했다면 그 이유를 찾아보고, 다음에는 한층 더 노력을 기울여 그에 필요한 일들을 달성해야 합니다. 실행이 계획을 따라잡지 못하면 그 시간은 영원히 잃게 돼버리는 셈이니, 그때마다 어마어마한 손실을 입게 됩니다. 늑장을 부릴 수밖에 없었던 이유가 있을지도 모르지만, 대개는 행동을 하지 않은데 대한 핑계에 불과합니다.

거의 대부분의 일들은 가능한 일입니다. 가혹한 과제가 주어질지도 모르지만, 과해진 일이 가혹하면 가혹할수록 그만큼 보수도 크다고 할 수 있습니다. 우리를 키워주는 것은 바로 장애물입니다. 조금만 노력해도 할 수 있는 일, 많은 능력을 필요로 하지 않는 일들은 달성해도 얻을 수 있는 것이 별로 없습니다. 때문에 곤란한 과제에 겁을 먹을 필요가 없습니다. 곤란한 과제를 하나 완수해서 얻는 것은 편한 과제를 한 상자만큼 성공했을 때보다 훨씬 얻는 것이 큰 법이니까요.

> 우리를 키워주는 것은 장애물입니다. 곤란한 과제를 하나 완수해서 얻는 것은 편한 과제를 한 상자만큼 성공했을 때보다 훨씬 얻는 것이 큰 법이니까요.

chapter 4

'나는 이것밖에 못한다' 가 아니라, '나는 이만큼이나 할 수 있다' 라는 생각을 갖도록 하자

●

　자진해서 대가를 치르고자 하는 사람은 성공하기 마련입니다. 여기서 말하는 대가는 돈을 말하는 것이 아닙니다. 노력입니다. 성공을 위해 빼놓을 수 없는 첫 번째 요소는 뭔가를 이루고 싶어 하는, 뛰어난 인물이 되고 싶어 하는 바로 그 욕구입니다. 다음은 그 방법을 배우는 일. 그 다음은 그것을 실행에 옮기는 일입니다.
　어떤 일을 이루어낼 가능성이 가장 높은 사람은 시야가 넓은 사람입니다. 어느 특정분야의 한정된 지식이 아니라, 모든 분야의 지식을 두루 터득한 사람입니다.
　성공의 비결은 자신의 입지나 지위와는 상관없이 늘 향상심(向上心)을 잊지 않는 것입니다. 배울 수 있는 것은 모조리 배우십시오. '나는 이것밖에 못한다' 가 아니라, '나는 이만큼이나 할 수 있다' 라는 생각을 가집시다. 그런 사람에게는 「수완가」라는 평가가 늘 따라다니고 여기저기서 데려가려고 할 것입니다. 실력 있는 회사는 무슨 수를 써서라도 유능한 사원을 놓지 않으려 할 테니 직장 때문에 어려움을 겪는 일은 없을 것입니다.

  정상까지 오를 수 있는 사람은 강한 의지와 용기를 가지고 온몸을 던져 열심히 일하는 사람입니다. 겁쟁이에다 자신감이 없고, 업무가 느린 사람이 아닙니다. 실력이 증명되지 않은 사람이 책임과 권한이 따르는 자리에 선택되는 경우는 좀처럼 드문 일입니다. 선택되는 사람은 당연히 뭔가를 실행하고 어떤 성과를 낸 사람, 혹은 자신의 부서를 통솔해왔던 사람입니다. 즉, 온힘을 기울여 일을 한다는 평판이 자자하며, 용기와 결단력 있는 사람이라는 것이 증명되었기 때문에 그 자리에 앉게 된 것입니다. ●

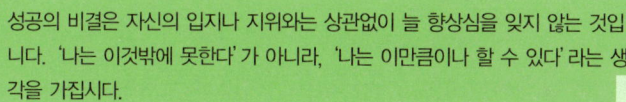

성공의 비결은 자신의 입지나 지위와는 상관없이 늘 향상심을 잊지 않는 것입니다. '나는 이것밖에 못한다'가 아니라, '나는 이만큼이나 할 수 있다'라는 생각을 가집시다.

chapter 5

성공하는 사람은 무슨 일에서든 완성을 예감하는 습관을 가지며, 항상 성공을 확신하는 사람이다

●

중요한 자리에 꼭 천재들만 선택되는 건 아닙니다. 그 자리에 앉는 사람은, 재능은 다른 사람과 별 차이는 없을지라도 비즈니스에 있어서 「기적」이란 우연히 일어나는 것이 아님을 알고 있는 사람입니다. 그런 사람들은 한 가지 계획을 포기하지 않고 끝까지 해내는 일만이 기적을 일으킬 유일한 방법이라는 사실을 잘 알고 있습니다. 성공하는 사람과 실패하는 사람의 차이는 그것뿐입니다.

성공하는 사람은 무슨 일에서든 완성을 예감하는 습관을 가지며, 항상 성공을 확신하고 있습니다. 반대로 실패하는 사람은 무슨 일이든 좌절하는 모습을 상상하는 습관을 가지고 있으며, 그렇게 예측하고, 또 실제로 그렇게 실패를 끌어들입니다.

적절한 훈련을 받기만 하면 누구나 성공할 수 있다는 것이 내 지론입니다. 너무나 많은 사람들이 풍부한 재능과 역량을 갖췄음에도 그것을 낭비하고 있다는 것은 정말 안타까운 사실입니다.

투지를 잃어버린 사람들을 각성시키기 위해서는, 그들 내면에는 무한한 능력이 내재해 있으며 활용할 마음만 있다면 언제든지 도움이 된다는 것을 보여주기만 하면 됩니다. 절망으로 향한 마음을, 내 자신을 되찾고 싶어 하는 희망으로 그 방향을 돌리기만 하면 됩니다. ●

> 비즈니스에 있어서 '기적'이란 우연히 일어나는 것이 아님을 알고 있는 사람, 한 가지 계획을 포기하지 않고 끝까지 해내는 것만이 기적을 일으킬 유일한 방법이라는 것을 잘 알고 있는 사람이 성공합니다.

chapter 6

'큰사람' 일수록 장애물이 작게 보이고, '작은사람' 일수록 장애물이 크게 보인다

●

투지를 잃어버린 사람은 의지력으로 자기 스스로를 구제하지 않으면 안 됩니다. 마음을 끓어오르게 하는 듯한 격려나 조언 따위는 기대하지 않는 게 좋습니다. 자기 스스로 에너지 낭비를 멈추고 훌륭한 경력을 쌓는 일에 관심을 기울여야 합니다. 쉽게 약해지는 마음을 극복할 수 있는 것은 자기자신밖에 없습니다. 타인의 도움을 기대해서는 안 됩니다. 무슨 일이 있어도 스스로 자신의 나약함과 악습을 극복하겠다는 결심을 굳힙시다. 이 세상에 당신을 대신해줄 수 있는 사람은 아무도 없습니다. 그들은 그저 당신을 격려해줄 수 있을 뿐입니다.

어떤 일을 하고 싶다는 강한 바람을 가지고 있으면서도, 그 실현을 위해 필요한 희생을 치르고자 하는 사람은 극소수에 불과합니다. 무슨 일이든 끝까지 해내는 데에는 방법이 따로 없습니다. 무조건 한 발을 내딛고 일을 벌이는 것입니다. 목표실현에 집중하여 그 어떤 방해도 받지 못하게 추진해나간다면 무슨 일이든 실현할 수 있는 시대입니다.

마음이 바라는 것을 실현하도록 그것에 전념하는 사람은 장애물이 있어도 쉽게 극복할 수 있는 법입니다. '큰사람' 일수록 장애물이 작게 보이고, '작은사람' 일수록 장애물이 크게 보입니다. 장애물을 극복함으로써 얻을 수 있는 것들을 항상 바라본다면, 극복하는 데 필요한 용기가 솟아날 것입니다.

항상 평온한 항해만 계속될 수는 없습니다. 폭풍이 몰아칠 날도 있겠지요. 하지만 폭풍이 몰아쳤다고 해서 피해서는 안 됩니다. 항해를 계속합시다. 폭풍을 어떻게 극복하느냐에 따라 당신의 자질을 알 수가 있습니다. 폭풍이 몰아친다며 푸념만 늘어놓을 것이 아니라, 여태 해왔던 순조로운 항해의 쾌적함을 생각해보십시오. 눈앞에 펼쳐지는 수평선을 기쁨으로 바라봅시다.

한 번 걸려 넘어졌다고 해서 멈춰 서서는 안 됩니다. 그것은 목표지점에 도달하기까지 극복해 나가야할 장애물 중 하나에 불과합니다. ●

'큰사람' 일수록 장애물이 작게 보입니다. 어떤 장애물이 있더라도 한 발을 내딛어야 합니다. 이 세상에 당신을 대신해줄 수 있는 사람은 아무도 없습니다.

화가 머리에 가득 차면
진실은 사라져버린다.

독일 속담

LESSON 02

집중력으로 터득하는 셀프컨트롤

07 자기관리 기능이 충분히 발달되지 않은 사람은 정신 집중력이 결여되어 있다.

08 사람은 집중을 함으로써 정신적·육체적 에너지를 한곳에 집결시킬 수 있다.

09 자신의 일과 행동을 모두 통제하면, 그 결과 다른 사람까지도 통제할 수 있다.

10 냉정해지면 냉정해질수록 집중력은 높아진다.

11 자신을 통제하지 못하고 흥분을 억제할 수 없는 사람은 집중하지 못한다.

12 자기자신에게 눈을 돌리고 그 가능성에 집중하면 집중력이 높아진다.

13 신경과 근육이 강인해지면 마음도 강인해진다.

14 악수하는 손에는 그 사람의 마음과 인격이 들어 있다.

15 집중력이라는 것은 몸과 마음을 통제하는 것을 의미하며, 몸을 통제할 수 없으면 마음도 통제할 수 없다.

chapter 7

자기관리 기능이
충분히 발달되지 않은 사람은
정신 집중력이 결여되어 있다

●

　대부분의 사람들은 자제력, 다시 말해 집중력을 스스로 관리하는 힘을 지니고 있지 못합니다. 그런데 성격이 안정적인 사람은 예외 없이 정신과 육체 양면에 영향을 미치는 마음의 작용을 설계하고 관리하며 집중시키는 능력을 지니고 있습니다.
　사람은 자신의 생각뿐만 아니라 몸의 움직임을 통제하는 것도 배워야만 합니다. 집중할 수 없는 사람은 다음 중 어느 한 가지가 원인일 것으로 생각됩니다.

(1) 운동령[주]의 결함
(2) 충동적이고 감정적인 마음
(3) 훈련되지 않은 마음

　마지막 항목은 체계적으로 단련함으로써 금방 해결할 수 있습니다. 가장 쉽게 교정할 수 있는 결함입니다.

|주| moter centers : 대뇌피질내에서 운동을 관장하는 기능을 가진 부분.

(2)의 충동적이고 감정적인 정신상태를 고칠 수 있는 최적의 방법은 분노, 격정, 흥분, 증오, 강한 충동, 긴장된 감정, 짜증 등을 억제하는 것입니다. 이중에 하나라도 해당이 된다면 집중은 불가능합니다.

흥분상태는 어떤 특정 음식물들을 피함으로써 자연적으로 억제가 됩니다. 신경을 쇠약하게 만들거나 혹은 자극할 만한 것, 격정이나 충동, 감정을 어지럽히는 경향이 있는 것 등을 말합니다. 또, 성격이 안정적이고 차분하며 억제력이 있는 신중한 사람을 관찰하고 사귀는 것은 더할 나위 없이 좋은 훈련이 되죠.

(1)의 대뇌피질의 결함을 고치는 것은 나머지 둘에 비해 상당히 골치가 아픈 일입니다. 뇌가 개발되지 않아 의지력이 떨어지기 때문입니다. 이를 치료하기 위해서는 시간이 많이 걸립니다.

성격이 안정적인 사람은, 정신과 육체 양면 모두에 영향을 미치는 마음의 작용을 설계하고 관리하며 집중시키는 능력을 지니고 있습니다.

chapter 8

사람은 집중을 함으로써
정신적·육체적 에너지를
한곳에 집결시킬 수 있다

●

　왜 사람들은 집중을 못하는 것일까요. 소극적인 정신상태에 들어가는 것을 집중상태라고 생각하는 사람이 많이 있는데, 그것은 착각입니다. 명상상태라고 할 수는 있어도 집중은 아닙니다.
　집중하기 위해서는 강한 의지력이 필요합니다. 우유부단한 사람은 의지력이 약하기 때문에 정신을 집중할 수 없습니다. 어떤 특정의 화제나 생각에 초점을 맞출 수 없는 것은 약한 마음 때문이며, 마찬가지로 어떤 화제나 생각을 떨칠 수 없는 것도 약한 마음 때문입니다.
　반대로 어떤 문제든 마음을 집중하고, 조화를 어지럽히는 생각을 쫓아낼 수 있는 사람은 강한 마음을 가졌다고 할 수 있습니다. 집중력이라는 것은 시종일관 강한 마음 이외에 아무것도 아닙니다. 집중이란 것은, 당신이 '나는 집중하고 싶다, 집중할 수 있다, 집중하겠다'라고 말하는 순간부터 시작되는 것입니다.

사람은 집중을 함으로써 정신적, 육체적 에너지를 한 곳에 집결시키고, 그 에너지가 작동된 상태를 유지할 수가 있습니다. 집중 상태가 되면 생각이나 말, 행동, 계획에 주의를 기울일 수가 있습니다. 여기저기 마음이 방황하고 있는 사람은 결코 세상에서 많은 일을 해낼 수 없습니다. 에너지를 낭비하는 사람이지요. 그저 산만하게 일하고, 생각하고, 말하고, 행동하고, 또 초점을 맞춰야 할 문제 앞에서 상관없는 일로 자꾸 두뇌를 돌리다보면 집중할 수 없습니다.

집중이란 것은 '나는 집중하고 싶다, 집중할 수 있다, 집중하겠다'라고 말하는 순간부터 시작됩니다.

chapter 9

자신의 일과 행동을 모두 통제하면, 그 결과 다른 사람까지도 통제할 수 있다

●

중요한 것은 차분한 마음입니다. 선정적인 소설이나 시시한 신문기사나 읽으며 시간을 낭비하면 충동이나 감정을 관장하는 기관을 자극해서 집중력을 떨어뜨리는 결과를 초래합니다. 자신을 성공으로 이끌어줄 열차의 우수한 기관사가 결코 될 수 없겠지요.

정신 집중력이란 자기자신을 세밀하게 관찰했을 때 비로소 신장시킬 수 있습니다. 어떤 종류의 발달이든 면밀한 관찰에서부터 시작되는 법입니다. 자신의 행위, 더 나아가 다른 사람들의 행위를 관찰하기 시작하면 자율기관을 사용하게 되며, 그 일을 계속하다보면 자율능력이 향상되고, 자신의 생각이나 소망, 계획들을 모두 이끌어낼 수 있게 됩니다.

눈앞의 일에 의식적으로 마음의 초점을 맞추는 능력이 집중을 가능케 합니다. 한 가지 일에 생각을 모으고, 모든 기관이 그 생각을 음미할 수 있도록 시간을 주는 것이 바로 집중인 것입니다.

흥분했는가 하면 그 다음 순간에는 차분해져있는 사람, 이런 사람은 올바르게 자기자신을 통제하지 못하고 있는 사람입니다.

하지만, 집중적인 방법으로 에너지를 관리하고 작동되는 상태를 유지할 수 있는 사람은 자신의 일과 행동을 모두 통제하며, 그 결과 다른 사람까지도 통제할 수 있는 힘을 갖게 됩니다. 자신의 모든 행동에 의의 있는 목적을 갖게 하며, 모든 생각에 숭고한 목적을 갖게 할 수 있는 사람입니다.

흥분하기 쉬운 사람은 호감을 살 수 없습니다. 교양 있는 사람은 신중하고 차분하게 말을 합니다. 그러면 당신의 태도가 더욱 빛을 발할 것입니다. 의식적으로 마음을 집중해서 한 번에 한 가지 일에만 마음을 기울이십시오. 그 외의 일들은 머리에서 밀어냅시다. 누군가와 대화하고 있을 때는 모든 주의력을 그 사람에게 기울일 것. 주의를 산만하게 하거나 방황하게 해서는 안 됩니다. ●

> 흥분하기 쉬운 사람은 호감을 살 수 없습니다. 자신의 일과 행동을 모두 통제하면 다른 사람까지도 통제할 수 있습니다.

chapter 10

냉정해지면 냉정해질수록
집중력은 높아진다

•

　아침에 일어나 그 날 하루 얼마나 냉정함을 유지할 수 있을지 시험해보십시오. 가끔씩 자신의 행동의 일람표를 만들고, 정해놓은 일들을 제대로 지키고 있는지 점검합니다. 지켜지지 않았다면 그 다음 날은 지키도록 노력합시다. 냉정해지면 냉정해질수록 집중력은 높아집니다. 절대로 조바심을 가지고 행동하지 않도록 하십시오.

　그리고 집중력을 높이면 자신의 가능성도 높아진다는 것을 잊지 마십시오. 집중이란 곧 성공입니다. 자신을 통제하고 마음을 한 점에 모을 수 있는 능력을 연마하면 연마할수록 눈앞의 일들에 대한 진지함이 더해지고, 그 결과 성공의 기회는 점점 더 많아질 것입니다.

　강한 개성과 정신력을 가졌다고 평가 받는 사람을 만날 기회가 오면 차근차근 관찰해보십시오. 그 사람은 분명 자신의 육체도 완벽하게 통제하고 있음을 알게 될 것입니다.

  선로를 순조롭게 달리고 있는 기차를 예로 들어봅시다. 누군가가 밸브를 모두 열어버리면 기차는 멈춰버립니다. 당신에게도 같은 일이 일어날 것입니다. 자신의 증기를 최대한으로 활용하고 싶다면 밸브를 잠그고, 정신력이라는 증기를 만들어내는 힘을 한 가지 목표에 향하도록 해야 합니다. 하나의 목적, 하나의 계획, 하나의 안건에 온 정신을 쏟아부어야 한다는 것입니다.

자신을 통제하고 마음을 한 점에 모을 수 있는 능력을 연마하면 눈앞의 일들에 대한 진지함이 더해지고, 그 결과 틀림없이 성공의 기회는 많아질 것입니다.

chapter 11

자신을 통제하지 못하고
흥분을 억제할 수 없는 사람은
집중하지 못한다

●

　흥분만큼 신경의 힘을 빨리 고갈시키는 것은 없습니다. 화를 쉽게 내는 사람에게 사람들이 매력을 못 느끼는 것은 바로 이런 이유에서입니다. 사람들의 동경의 대상이 되거나 사랑을 받을 일도 없습니다. 쉽게 자기자신을 흥분상태로 몰아넣는 사람은 신경의 힘과 에너지를 고갈시키고 곧이어 불안정한 정신상태에 이르게 됩니다. 그러므로 당연히 자신을 통제하지 못하고 흥분을 억제할 수 없는 사람은 집중을 못합니다.

　회색 빛을 띤 뇌 속의 신경단위는 하나하나가 사고와 행동의 중추를 이루고 있으며, 일종의 지령을 내보내고 있습니다. 근육, 뼈, 인대, 발, 손, 신경 — 이들은 모두 두뇌가 내리는 지령을 수행하고 있습니다. 의사결정을 내리는 기관이 갖는 목적은 단 하나입니다. 구석구석 빽빽이 뻗어 있는 신경과 근육을 따라 에너지를 옮기고 육체의 기능을 작동시키는 것입니다.

때문에 이와 같은 지시나 충동, 사고, 감정, 온몸의 움직임, 더 나아가 신체 각 부위를 자신의 의지로 통제함으로써 자기억제능력을 높일 수가 있습니다. 그리고 이것이 어느 정도 성공을 거두느냐에 비례해서 집중력도 개발할 수 있는 것입니다.

> 지시나 충동, 사고, 감정, 온몸의 움직임, 더 나아가 신체 각 부위를 자신의 의지로 통제함으로써 자기억제능력을 높일 수 있습니다.

chapter 12

자기자신에게 눈을 돌리고
그 가능성에 집중하면
집중력이 높아진다

●

   일할 때는 제대로 일하고, 놀 때는 제대로 놉시다. 이것이 내 신조입니다. 오락에 몸을 맡길 때는 오락 이외의 일을 머리에서 쫓아냄으로써 집중력을 높일 수가 있습니다. 사랑에 대해 생각할 때도 사랑에 대해서만 생각하면 지금까지는 경험하지 못했던 진한 사랑을 키울 수 있습니다.
   마음을 「참된 자아」와 그 눈부신 가능성에 집중하면, 집중력이 높아지는 동시에 자신에 대한 평가도 따라서 올라갑니다. 이것을 체계적으로 행함으로써 큰 힘을 기를 수 있습니다.
   매일 아침 정해진 시간에 출근한다면, 당신은 안정된 습관을 얻어 체계적으로 행동하고 있다고 할 수 있습니다. 어떤 아침은 정각에 출근하고, 그 다음 날은 조금 지각하고, 또 그 다음 날은 더 늦게 출근하는 습관을 가지고 있는 사람은 집중하지 못하고 있는 것입니다. 어떤 생각에 마음을 정하고, 일정한 간격으로 그 상태를 유지할 때 당신은 집중력을 키울 수 있습니다.

　어떤 선택한 대상에 마음을 계속 쏟다보면 카메라 렌즈가 풍경에 초점을 맞추게 되듯, 당신의 정신 또한 한 점에 모아지게 됩니다. 따라서 무슨 일이든지 자신이 하고 있는 일에 마음이 머물게 하는 것이 중요합니다. 자기자신에 주의 깊게 눈을 돌립시다. 그렇게 하지 않으면 진보는 매우 늦어질 것입니다.

선택한 대상에 마음을 쏟으면 카메라 렌즈가 풍경에 초점을 맞추듯, 당신의 정신 또한 한 점에 모아지게 됩니다. 자기자신에 주의 깊게 눈을 돌립시다.

chapter **13**

신경과 근육이 강인해지면
마음도 강인해진다

●

  호흡을 조절합시다. 오랫동안 깊이 숨을 들이쉬는 연습을 합시다. 단순히 건강을 위해서가 아닙니다. 물론 건강도 중요한 일이기는 하지만 힘과 사랑과 인생을 한층 더 높이 끌어올리기 위해서이기도 합니다. 이와 같은 연습은 모두 당신의 진보에 도움을 줄 것입니다.

  마음은 근육이나 신경과도 연결되어 있다는 사실을 잊지 말아주십시오. 신경과 근육이 강인해지면 마음도 강인해집니다. 그러나 신경을 어지럽히면 마음 또한 불안정해지고, 당신은 관리하는 힘, 바꿔 말하자면 집중력을 잃게 됩니다. 이런 사실로 미루어 볼 때 신경과 근육을 안정시키는 트레이닝이 집중력을 키우는 데 얼마나 중요한지 알 수 있을 것입니다.

  누구나 끊임없이 다양한 자극을 받고 있습니다. 만약 인생을 성공으로 이끌고 싶다면 그런 자극들을 관리하고 통제하지 않으면 안 됩니다. 바로 이런 이유에서 사람은 눈이나 발, 손가락의 움직임을 통제할 필요가 있는 것입니다.

호흡을 통제하는 일이 중요한 것도 같은 맥락입니다. 충분한 시간을 가지고 천천히 깊게 숨을 내뱉으면 훌륭한 효과가 있으며 혈액의 순환, 심장박동 그리고 근육과 신경을 안정시킵니다. 심장의 고동이 불규칙할 때, 혈액순환이 정상적이지 않을 때, 폐의 움직임이 균일하지 않을 때 마음은 불안정해지며 집중하는 데 바람직하지 못한 상태가 됩니다. 때문에 호흡을 통제한다는 것은 육체적인 건강의 기초가 되며 매우 중요한 일입니다.

중요인물로 불리는 사람들과 교제를 나눠보거나, 그 전기를 읽어보면 그들은 상대의 말을 잘 듣는다는 걸 알 수 있습니다. 다른 사람의 이야기를 듣기보다 자기가 말하는 편이 훨씬 쉬운 법이지요. 누군가가 대화하고 있을 때 주의 깊게 관찰하는 일은 집중력 향상에 더할 나위 없는 트레이닝이 돼줄 것입니다. 상대의 이야기 내용으로부터 배우는 것은 물론이요, 정신적으로나 육체적으로나 집중력을 높일 수가 있습니다. ●

> 호흡을 통제한다는 것은 육체적인 건강의 기초가 되며 매우 중요한 일입니다. 마음은 근육이나 신경과도 연결되어 있다는 사실을 잊지 마십시오.

chapter 14

악수하는 손에는
그 사람의 마음과 인격이
들어 있다

●

　악수를 할 때는 자신의 손에 수백 개의 마음이 깃들어 있고, 그 하나하나가 독자적인 지성을 갖추고 있다고 생각해봅시다. 이 느낌을 담아 악수를 하면 악수에 당신의 인격이 나타나곤 합니다. 부산하게 하는 악수는 두려움과 인간미가 결여되어 있음을 나타냅니다. 어색하고 힘없는 악수를 하는 사람은 사랑과 열정이 부족하며, 사람을 끌어당기는 매력도 없습니다.
　이와 대조적인 악수를 하는 사람은 인품도 그대로입니다. 사랑이 없는 사람은 매력이 없고, 그것은 악수할 때 나타납니다. 인격을 갈고닦은 두 사람이 악수를 할 때는 가볍게 손을 잡는 법이 없습니다. 두 전류가 서로 만나고, 쌍방에 소름이 돋습니다. 플러스와 마이너스의 성질을 가진 정반대의 전류가 사랑을 불러일으킵니다.
　사람을 사랑하는 사람의 악수에는 사랑이 나타나고, 증오하는 사람의 악수에는 증오심이 나타납니다. 성격이 비뚤어지고 악의와 추한 감정으로 가득 찬 사람은 정신상태가 불안정하며 감정의 기복이 심합니다. 화를 자주 낼 때, 자신이 어떤 호흡을 하고 있는지를 관찰해보면 중요한 사실을 알 수 있습니다.

행복한 기분일 때와 증오심을 품고 있을 때의 호흡을 관찰해봅시다. 온 세상과 사랑에 빠진 듯한 기분으로 숭고한 감정에 몸이 떨릴 때 어떤 호흡을 하고 있는지 관찰해보십시오. 선량한 생각으로 가득 찼을 때 사람은 힘껏 폐 안에 산소를 빨아들이며 마음이 사랑으로 넘치게 됩니다. 사랑은 육체적, 정신적, 사회적으로 사람을 성장시킵니다. 즐거울 때 힘껏 심호흡을 하면 온몸에 생명력이 넘쳐흐릅니다. 마음이 안정되고 집중력이 높아지며, 사람을 매료할 수 있는 강한 존재가 될 수 있을 것입니다.

사랑이 깃든 손은 사람을 매료하기는 하지만, 스스로 통제가 된 상태가 아니면 안 됩니다. 사랑은 악수 안에 응축시킬 수가 있고, 이것은 사람의 마음을 움직이게 하는 최상의 방법인 것입니다. ●

사람을 사랑하는 사람의 악수에는 사랑이 나타나고, 증오하는 사람의 악수에는 증오심이 나타납니다. 악수에 당신의 인격이 나타납니다.

chapter 15

집중력이라는 것은
몸과 마음을 통제하는 것을 의미하며,
몸을 통제할 수 없으면
마음도 통제할 수 없다

●

　의지력을 가지고 마음을 느긋하게 가질 수 있도록 노력합시다. 이것은 자아를 통제하는 훌륭한 연습이 됩니다. 천천히 그리고 깊게 숨을 들이쉬면 마음이 느긋해집니다. 말이 빨라지고 있다고 스스로 느낀다면 자기자신을 통제해서 천천히 또박또박 얘기하기만 하면 됩니다. 언성을 높인다거나, 거꾸로 목소리를 낮출 것도 없이 그저 이 평온한 상태를 유지해야겠다는 결의에 집중하면 당신의 집중력은 향상될 것입니다.
　중요한 인물과 만날 때는 침착한 태도를 취해야 됨을 늘 명심하십시오. 그리고 상대방과 자기자신 양쪽 모두를 관찰합시다. 정(靜)적인 운동은 운동령을 자극해서 집중력을 증가시킵니다. 짜증이 난다거나, 불안감 혹은 무기력감이 엄습해올 때는 가슴을 펴고 똑바로 서서 힘껏 숨을 들이키면, 짜증은 사라지고 조용한 평온이 다시 찾아옵니다.

신경질적이고 성급한 사람들과 자주 만나는 사람은 집중력을 충분히 키울 때까지 교제를 끊읍시다. 성급하고 쉽게 화를 내며, 성격이 까다롭고 독단적이고 불쾌한 사람들은 당신이 가지고 있는 저항력을 쇠퇴시키기 때문입니다.

　귀, 손가락, 눈, 다리의 제어력을 높이는 트레이닝은 모두 마음을 침착하게 만드는 효과가 있습니다. 눈이 차분한 상태일 때 마음도 차분한 상태에 있습니다. 어떤 사람을 알기 위한 좋은 방법 중 하나는 그 사람의 몸의 움직임을 관찰하는 것입니다. 행동을 관찰한다는 것은 마음을 관찰하는 것과 같기 때문이죠. 행동이란 마음이 외부로 표출된 것입니다. 다시 말해서 마음은 곧 행동인 것입니다. 마음이 침착하지 못할 때, 초조하거나 불안정할 때 행동도 그대로 똑같이 나타납니다. 집중력이라는 것은 몸과 마음을 통제하는 일입니다. 어느 한 쪽을 제어하지 못한다면 나머지 한 쪽도 제어할 수 없습니다.

　신체기능을 안정된 상태로 계속 유지시켜주는 것으로서 정적 운동만큼 효과적인 것은 없습니다. 앞서 언급했듯이, 결국 몸을 통제할 수 있으면 마음도 통제할 수 있는 것입니다. ●

> 행동이 냉정하면 마음도 냉정하다고 할 수 있습니다. 집중력이라는 것은 몸과 마음을 통제하는 일입니다. 어느 한 쪽을 통제하지 못한다면 나머지 한 쪽도 통제할 수 없습니다.

현재의 당신 모습이 당신이 아니라
당신이 바라는 모습이
바로 당신의 모습이다.

노만 빈센트 필

LESSON 03

바라는 것을 손에 넣는 법

16 바라는 것들을 마음속에서 그리면서 그것이 실현될 때까지 의지를 그곳에 집중시킨다.

17 내가 손 댄 일은 전부 다 완성할 수 있다고 확신할 것.

18 성공하기 위한 마음가짐 ― 「나는 길을 찾겠다. 길이 없으면 만들겠다!」

19 올바른 일은 모두 실현 가능하다.

chapter 16

바라는 것들을 마음속에 그리면서
그것이 실현될 때까지
의지를 그곳에 집중시킨다

●

어떤 사람은 이렇게 투덜댈지도 모릅니다.

'바라기만 하면 뭐든지 손에 넣을 수 있다고? 말도 안돼.'

나는 그 사람에게 이렇게 말할 것입니다.

'천만에요, 집중력만 활용하면 바라는 건 뭐든지 손에 넣을 수 있습니다' 라고요.

모든 소망은 이룰 수 있습니다. 집중력만 활용하면 바라는 건 무엇이든 손을 넣을 수 있습니다. 하지만 이루어질지 이루어지지 않을지는 그 소망을 이루는 일에 당신이 얼마나 집중할 수 있느냐에 달려있습니다. 그저 무엇을 갖고 싶다는 생각만 가지고는 손에 넣을 수 없습니다.

그게 있으면 좋을 텐데, 이렇게 바라는 것은 나약함의 표출입니다. 동화의 세계가 아니니, 그저 단순히 소원을 빌기만 해서는 안 됩니다.

소원은 신중하게 다루십시오. 바라는 것들을 마음속에 그리고 그것이 실현될 때까지 의지를 그곳에 집중시킵시다. 키가 없는 배로 바다를 표류하는 것과 같은 행동을 해서는 안 됩니다. 자기가 하고 싶은 일을 분명히 파악하고 전력을 기울인다면 성공은 이미 당신 것입니다. ●

집중력만 활용하면 바라는 건 무엇이든 손에 넣을 수 있습니다. 하지만 이루어질지 이루어지지 않을지는 당신이 그 소망에 얼마나 집중하느냐에 달려 있습니다.

chapter 17

내가 손 댄 일은 전부 다 완성할 수 있다고 확신할 것

•

내가 손 댄 일은 전부 다 완성할 수 있다고 확신합시다. 많은 사람들이 무슨 일에 착수하면 시작할 때부터 실패를 예감하고, 또 실제로 그렇게 되고 맙니다.

예를 들어봅시다.

어떤 한 남자가 어떤 물건을 찾으러 가게에 간다고 칩니다. 그런데 점원은 '죄송합니다만, 저희 가게에는 없습니다'라고 말합니다. 하지만 그것을 손에 반드시 넣어야 되겠다고 굳게 결심한 사람은 어디에 가면 입수할 수 있는지를 물어볼 것입니다. 그래도 만족스러운 대답을 얻지 못했다면 이번에는 점장을 불러서 어디서 그것을 구입할 수 있는지를 기어코 알아내고 맙니다.

바라는 것을 손에 넣는 비결은 오직 이것뿐입니다. 당신의 마음에는 전능한 힘이 있어, 당신이 강한 의지를 가지고 도전하는 일은 반드시 해낼 수 있을 것이라는 사실을 잊지 마십시오.

소원을 비는데 정신력을 낭비하는 일이 없도록 합시다. 진정 가치 있는 일을 실현하는데 집중하십시오. 무슨 일이든 끝까지 끈질기게 매달리는 사람이 실패하지 않는 사람입니다. ●

내가 손 댄 일은 전부 다 완성할 수 있다고 확신합시다. 많은 사람들이 무슨 일에 착수하면 시작할 때부터 실패를 예감하고, 또 실제로 그렇게 되고 맙니다.

chapter **18**

성공하기 위한 마음가짐 ―
「나는 길을 찾겠다. 길이 없으면 만들겠다!」

●

'나는 길을 찾겠다. 길이 없으면 만들겠다!' 이것이 성공하기 위한 마음가짐입니다.

저의 지인 중에 큰 은행의 은행장을 맡고 있는 남자가 있습니다. 그는 그 은행에서 메신저보이로 일을 시작했는데, 그 때 아버지가 「P」라는 문자가 씌어 있는 단추 하나를 코트에 달아주면서 이렇게 말했습니다. '잘 들어라, 이 「P」라는 글자는 네가 언젠가 이 은행의 은행장(president)이 될 운명이라는 걸 잊지 않게 하기 위한 거란다. 항상 이 사실을 기억해줬으면 한다. 그리고 날마다 자신을 목표에 다가설 수 있게 해줄 일을 무엇이든 찾아 하거라.' 그 날부터 매일 저녁때마다 아버지는 식사를 마치면 '오늘은 무슨 일을 했니?' 라고 물었습니다.

이렇게 해서 그의 마음에서는 은행장이 되겠다는 생각이 한시도 떠난 적이 없었습니다. 그는 은행장이 되는 일에 집중했고, 마침내 그 꿈을 실현했습니다. 아버지는 그에게 「P」가 무슨 말의 머리글자인지 아무에게도 말하지 말라고 당부했습니다. 동료들은 단추를 가지고 그를 놀리면서 「P」의 의미를 캐물어보았지만 알아낼 수 없었습니다. 그가 「P」의 정체를 밝힌 것은 은행장이 되고나서의 일이었습니다. ●

무슨 일이든 끝까지 끈질기게 매달려야 실패하지 않습니다. '나는 길을 찾겠다. 길이 없으면 만들겠다!' 이것이 성공하기 위한 마음가짐입니다.

chapter 19

올바른 일은
모두 실현 가능하다

•

오늘날의 성공은 주로 정신적인 힘의 법칙에 집중할 수 있느냐 없느냐에 달려있습니다. 집중함으로써 생각이 갖는 힘을 각성시키고 그 힘을 비즈니스에 활용하면 영구히 성과를 창출해내기 때문입니다.

그렇게 하지 못한다는 것은 자신의 힘을 한계점까지 끌어올리지 못하고 있다는 뜻입니다. 이 위대한 우주는 무수한 힘들이 얽히고 설키어 이루어지고 있습니다. 그 우주 안에서 당신이 만드는 자리가 중요한 의미를 갖게 될 것인지 아닌지는 당신에게 달려 있습니다.

올바른 일은 모두 실현 가능합니다. 필요한 일들은 모두 필연적으로 일어납니다. 올바른 일이라면 세상 모든 사람들이 잘못됐다 생각하더라도 그것을 실행하는 것이 당신의 의무입니다. 신이라는 내적인 전능한 법칙과 당신이라는 유기생명체는, 만약 당신의 목적이 절대적으로 옳은 일이라면 전세계를 정복할 수도 있다는 것입니다. 내가 좀 더 훌륭한 사람이었으면 좋았을 텐데, 이런 말은 이제 하지 마십시오. 올바른 일이라면 당신이 하고 싶다고 생각하는 것들은 무엇이든 가능합니다.

이렇게 말하세요. '나는 할 수 있다. 의지를 갖고 하겠다. 꼭 해야만 한다.' 이것만 충분히 이해하면 나머지는 쉽습니다. 계획을 방해하려고 하는 것들을 극복하는 잠재적인 정신력과 힘을 당신은 이미 갖추고 있습니다.

그러니 소망이 이루어지기를 진심으로 바란다면 그것을 위해 어떠한 고생도 마다하지 않겠다는 마음가짐으로 밀고 나아가십시오.

> 내가 좀 더 훌륭한 사람이었으면 좋았을 텐데, 이런 말은 하지 마십시오. 계획을 방해하는 것들을 극복하는 잠재적인 힘을 당신은 이미 갖추고 있습니다.

나는 자신이 무엇을 원하는지
아는 사람을 존경한다.
이 세상의 모든 불행 중 가장 큰 것은
인간이 자기의 원하는 것을 충분히
깨닫지 못하는 데서 일어난다.
사람들은 탑을 세우고자 하지만
그 기초를 쌓는 데는
초가집을 세우는 데 필요한 만큼의
노력도 하지 않는다.

괴테

LESSON 04

어떤 비즈니스에서도 성과를 창출해내는 힘

20 당신의 생각이 당신이라는 한 인간을 만든다.

21 당신의 생각이 고귀할수록 고결한 생각의 소유자들과 연결고리가 형성된다.

22 당신은 당신에게 커다란 행복을 가져다 줄 커다란 가능성을 지니고 있다.

23 현명하게 대화하려면 먼저 침묵이 필요하다.

chapter 20

당신의 생각이
당신이라는 한 인간을 만든다

●

어떤 사형수가 어느 날 이러한 제의를 받았습니다. 어떤 실험에 대한 참여를 승낙하고 실험을 마쳤을 때 살아 있으면 자유를 주겠다는 것이었습니다. 물론 사형수는 승낙했습니다.

인간은 어느 정도까지 피를 잃어도 살 수 있는가 하는 것이 실험 내용이었습니다.

사형수 다리에 상처를 내고 거기서 피가 흘러내릴 거라는 설명을 해줬습니다. 그런데 실제로는 상처가 아주 얕은 것이라 출혈은 거의 없는 거나 마찬가지였습니다. 하지만 방이 어두워 아무 것도 보이지 않았고, 사형수는 뭔가가 뚝뚝 떨어지는 소리를 듣고는 자기 다리에서 정말 많은 피가 흘러내리고 있다고 착각한 것입니다.

다음 날 아침, 그는 공포에 질려 죽어 있었습니다.

이 에피소드를 통해 생각이 갖는 힘에 대해서 다소 이해하셨을 거라 생각합니다. 생각의 힘을 완전히 안다는 것은 당신에게 큰 의미가 있습니다.

생각의 힘을 집중시키면 그동안 바랐던 자신의 모습이 실현될 수 있습니다. 생각의 힘으로 당신의 능력과 힘을 비약적으로 늘릴 수 있기 때문입니다. 당신의 주변에는 다양한 종류의 생각들이 넘쳐흐릅니다. 좋은 생각도 있는가 하면 부정적인 생각도 있습니다. 그런데 당신이 긍정적인 마음가짐을 의도적으로 가지려 하지 않는다면 반드시 부정적인 생각을 흡수하게 됩니다.

불안이나 쓸데없는 걱정, 낙담, 실망과 같은 통제되지 않은 생각들이 만들어내는 불필요한 기분들을 관찰하다보면 생각을 통제한다는 것이 얼마나 중요한 것인지 알 수 있습니다.

당신의 생각이 당신이라는 한 인간을 만드는 것입니다. ●

생각의 힘을 집중시키면 그동안 바랐던 자신의 모습을 실현할 수 있습니다. 당신의 생각이 당신이라는 인간을 만듭니다.

chapter 21
당신의 생각이 고귀할수록 고결한 생각의 소유자들과 연결고리가 형성된다

●

　거울이 그들의 용모를 비춰주듯 얼굴은 그 사람의 삶을 드러냅니다. 그들의 얼굴을 바라보고 있노라면 대부분의 사람이 얼마나 인생을 허비하고 있는지 안타까움을 금할 수가 없었습니다. 거리를 지나가면서 여러 사람의 얼굴을 관찰하다보면 그 사람이 지금까지 어떤 인생을 살아왔는지 짐작할 수 있습니다.
　당신의 생각이 당신의 환경과 당신의 인간관계를 조성합니다. 그것을 변하게 하는 것 또한 당신의 생각입니다.
　당신의 생각이 고귀할수록 그와 같은 고결한 생각의 소유자들과 연결고리가 형성되고 결국은 당신 스스로를 돕게 됩니다. 반대로 당신이 교활한 생각을 가지게 되면 똑같이 당신의 주위에도 교활한 사람들이 모여들어 당신을 속이려 들 것입니다.
　당신이 올바른 생각을 갖다보면 당신과 관계가 있는 사람들의 마음에 신뢰가 쌓이게 될 것입니다. 주변 사람들의 호의를 받게 되면서 서서히 당신은 자신감과 강한 마음을 얻게 되겠지요. 그리고 곧 자신의 생각이 얼마나 값진 것인가를, 또 아무리 혹독한 환경에서라도 자신은 평정심을 유지할 수 있다는 것을 알게 됩니다. 그와 같은 바르고 선량한 생각을 갖다보면, 필요한 순간에 당신에게 도움의 손길을 뻗어줄 사람들과의 교류가 이루어지게 됩니다.

무엇보다 중요한 것은 다른 사람들로부터 신뢰를 얻는 일입니다. 어떤 두 사람이 처음 만나게 되었을 때 보통 직감에 따라 서로를 받아들이게 되는데 직감이란 거의 대부분 잘 맞는 법입니다. ●

당신이 올바른 생각을 가지면 주변 사람들의 호의를 얻게 되고, 그러면 당신은 자신감을 갖게 될 것입니다. 다른 사람들로부터 신뢰를 얻는 일이 무엇보다 중요합니다.

chapter 22

당신은 당신에게 커다란 행복을
가져다줄 가능성을 지니고 있다

●

처음 만나는 상대의 태도에 뭔가 수상한 느낌을 받을 때가 종종 있습니다. 대개의 경우 그 이유는 알 수가 없지만, 어디선가 '그와는 알고 지내지 않는 게 나아. 알고 지내면 나중에 후회하게 될 거야.'라는 목소리가 들려옵니다.

생각은 행동을 낳는 법입니다. 그러니 자신의 생각을 신중하게 다루십시오.

햇빛은 집 앞 마당에 내리쬐고 있지만 우리는 나무를 심어 그 빛을 가로막아버립니다. 이와 마찬가지로 당신에게는 보이지 않는 어떤 힘이 세차게 쏟아지고 있는데, 당신이 그것들을 막아버릴 만한 생각이나 행동만 취하지 않는다면 언제든지 당신에게 도움이 되어줄 것입니다. 이와 같은 힘들은 조용히 움직이고 있습니다. 사람은 자신이 뿌린 씨를 거두기 마련입니다.

당신에게는 상상조차 할 수 없을 만큼 커다란 행복을 가져다줄 가능성을 지니고 있습니다. 그 힘에 집중하십시오. 대부분의 사람들은 자신이 갈구하고 있는 것들을 억지로 뿌리치면서까지 인생을 성급하게 내달립니다. 집중을 함으로써 인생을 송두리째 바꿔 지금보다도 훨씬 많은 일들을, 그것도 고생 없이 달성할 수가 있습니다.

자신의 내면으로 눈을 돌리면 지금까지 보았던 그 어떤 기계보다도 우수한 기계가 들어 있다는 것을 발견할 수 있을 것입니다.

당신에게는 상상조차 할 수 없을 만큼 커다란 행복을 가져다줄 가능성을 지니고 있습니다. 그 힘에 집중하십시오.

chapter 23
현명하게 대화하려면 먼저 침묵이 필요하다

●

　어떻게 하면 현명하게 대화할 수 있을까? 이를 위해서는 신체기능과 정신력의 적어도 일부분만큼이라도 눈앞의 화제에 집중시키지 않으면 안 됩니다. 이야기를 할 때는 주의력이 흐트러지고 집중력이 산만해지기 쉽습니다. 현명하게 대화하기 위해서는 먼저 침묵해야 합니다. 어떠한 힘든 상황 속에서도 주의를 게을리하지 말고 침착한 사람은 침묵 가운데에서 훈련을 쌓은 사람이라 할 수 있습니다.
　대부분의 사람들은 침묵이 무엇인지도 모르고 침묵상태에 들어가는 것은 쉽다고 생각하지만, 결코 그렇지 않습니다. 참된 침묵 속에서 사람은 내적인 법칙과 연결되고, 모든 힘은 정숙한 상태를 맞이하게 됩니다. 이것은 힘이 무의식 속으로 숨어든 상태가 되어, 귀로 들어오는 소리를 받아들이지 않게 하기 위해서입니다.
　자신이 비범하길 바라는 사람이라면, 자신의 내면에 존재하는 전능한 절대법칙으로 이어지는 길을 열지 않으면 안 됩니다. 오직 끈기 있게, 지성을 가지고 사고 집중 훈련을 쌓음으로써만 그것이 가능해집니다. ●

이야기를 할 때는 주의력이 흐트러지고 집중력이 산만해지기 쉽습니다. 현명하게 말하기 위해서는 먼저 침묵해야 합니다.

배우면 배울수록
자신이 얼마만큼 무지한가를 알게 된다.
자신의 무지를 깨달으면 깨달을수록
보다 더 배우고 싶어진다.

앨버트 아인슈타인

LESSON 05

생각이 있는 곳에 길이 있다

24 인생을 자신이 바라는 것들로 채워진 환경으로 만드는 것은 자기 자신의 의지이다.

25 무지라는 이름의 장애물이 성공을 방해한다.

26 두려움을 모르는 사람과 두려움에 사로잡힌 사람의 차이점은 의지와 희망이 있느냐 없느냐 하는 것이다.

27 무슨 일을 하든지 그 때 하고 있는 일만을 생각하라.

chapter **24**

인생을 자신이 바라는 것들로
채워진 환경으로 만드는 것은
자기 자신의 의지이다

●

　당신이 진화되지 않은 원자에서 지금의 모습으로 진화해온 것은 당신에게 생각할 수 있는 힘이 있었기 때문입니다. 이 힘은 평생 당신에게서 사라지지 않고 당신이라는 존재가 완성에 이를 때까지 계속 부추깁니다. 당신은 진화를 거치면서 새로운 욕망을 계속해서 만들어내는데, 그것은 모두 달성 가능한 일들입니다.
　깊이 집중함으로써 무한의 생각과 연결될 수 있다고 인식만 하면, 자신에게는 한계가 있다고 생각하는 고정관념을 완전히 소멸시켜버림과 동시에 공포를 비롯해 늘 당신에게 안 좋게 작용하던 부정적이고 파괴적인 생각들을 모조리 쓸어버릴 수 있습니다. 그리고 부정적인 생각 대신에 모든 모험이 성공할 것이라는 강한 자신감이 키워지게 됩니다. 이런 식으로 집중하고 생각을 강화시키는 방법을 터득하면, 자신의 마음이 만들어내는 것들을 통제할 수 있게 될 것입니다.

인생을 자신이 바라는 것들로 채워진 환경으로 만드는 것은, 바라지 않는 것들로만 채워진 환경으로 만드는 것과 마찬가지로 쉬운 일입니다. 그것은 당신의 의지에 의해 결정될 문제입니다. 당신이 올바른 것을 바라고 있는 거라면, 그것을 손에 넣는 것을 막을 벽은 없습니다. 만약 바르지 않은 것을 선택하면 전능한 신의 설계도에 반하는 일을 하게 되는 것이며, 당연히 실패하게 됩니다. ●

> 인생을 자신이 바라는 것들로 채워진 환경으로 만드는 것은, 바라지 않는 것들로만 채워진 환경으로 만드는 것과 마찬가지로 쉬운 일입니다. 그것은 당신의 의지에 달려있습니다.

chapter 25

무지라는 이름의 장애물이
성공을 방해한다

•

　당신을 지배하는 힘은 당신의 내면에 존재합니다. 그리고 지배로부터 당신을 멀어지게 하는 장애물 또한 당신의 내면에 있습니다. 그것은 무지라는 이름의 장애물입니다.

　'생각이 있는 곳에 길이 있다'라는 말이 있습니다. 자신의 내면에 존재하는 힘으로부터 도움을 얻을 수만 있다면 생각은 길을 만들 수 있습니다. 의지력을 단련하면 단련할수록 그 생각이 만드는 길은 보다 더 높은 곳으로 올라가게 됩니다.

　우울한 일밖에 없고 아무런 희망도 가질 수 없을 때야말로, 그런 마음을 마치 성공을 거두기라도 한 듯 평화롭고 환한 마음으로 기분을 통제할 수 있어야 합니다. 그러한 일에 당신의 진가를 보이도록 하십시오.

　성공이라는 생각의 씨앗을 뿌릴 때, 햇볕이 끊임없이 내리쬐어 한 계절 동안 풍요로운 수확을 가져다줄 것이라는 사실을 굳게 믿으십시오.

일시적인 상황에 현혹되어 멈춰 서서는 안 됩니다. 꼭 성공하고야 말겠다는 단호한 신념을 가집시다. 신중하게 계획을 세우고 그것이 보편적인 정의의 흐름에 역행하지 않도록 주의를 기울입시다. 결코 잊어서는 안 되는 것은 공포나 분노 그리고 거기서 파생되는 감정 등의 파괴적인 힘을 멀리해야 한다는 것입니다.

올바른 목적은 일시적으로 실패하는 일이 있어도 언젠가는 모두 이루게 됩니다. 그렇기 때문에 모든 것이 자신에게 불리한 상황에 직면했을 때는 불안한 마음을 진정시키고 파괴적인 생각은 하나도 남김없이 쫓아내고 침착함을 유지하도록 하십시오.

성공이라는 생각의 씨앗을 뿌릴 때, 햇볕이 끊임없이 내리쬐어 한 계절 동안 풍요로운 수확을 가져다줄 것이라는 사실을 굳게 믿으십시오.

chapter **26**

두려움을 모르는 사람과
두려움에 사로잡힌 사람의 차이점은
의지와 희망이 있느냐 없느냐 하는 것이다

●

　부정적인 기분은 「공감의 법칙」에 의해 부정적인 성질의 생각들을 끌어들이게 됩니다. 그렇기 때문에 성공에 관한 생각을 억지로라도 만들어내어 그와 유사한 성질의 생각들을 끌어들이는 것이 중요합니다. 같은 성질을 가진 생각들을 끌어들이는 사고의 조류라는 것이 실제로 존재합니다. 실패할 것을 상상하는 사람의 대부분은 스스로의 고민이나 불안감, 과잉행동에 의해 현실에서도 실패를 끌어들이고 맙니다. 생각의 법칙을 배워 선, 진리, 성공에 대해서만 생각한다면 적은 노력으로도 지금까지 이룰 수 없었던 진보를 이룰 수 있게 됩니다.
　다음 방법을 이용해서 생각을 통제하는 법을 향상시켜보십시오. 불안감을 제거할 수 없을 때는 자신의 내면의 잘못된 결단을 향해 이렇게 말해봅시다. '나는 기가 죽지도, 겁을 먹지도 않아. 왜냐하면 난 혼자가 아니니까. 눈에 보이지 않는 힘이 나를 감싸

고, 나에게 있어 불리한 상황을 제거하도록 도와줄 거야'

이렇게 말하면 금세 용기가 솟아날 것입니다. 두려움을 모르는 사람과 두려움에 사로잡힌 사람의 차이점은 그 사람의 의지이며, 희망입니다. 더욱 더 크게 성공하기를 원한다면 성공을 믿고, 성공을 바라고, 성공을 갈구해야 합니다. 같은 방법으로 욕망, 야심, 재치, 기대, 명예심, 공감, 신뢰, 자신감 등에 대한 생각을 불러일으킬 수 있습니다.

불안감이나 분노를 느낀다거나, 낙담한다거나, 우유부단과 고민으로 괴로워하는 것은 당신의 마음의 숭고한 힘으로부터 협력을 얻지 못했을 때입니다. 당신은 의지력에 의해 마음의 힘을 관리할 수 있기 때문에, 환경에 따라 좌지우지되지 않고 자신이 바라는 대로 기분을 전환할 수가 있습니다. ●

실패할 것을 상상하는 사람은 실패를 끌어들입니다. 성공에 대해서만 생각한다면 적은 노력으로도 지금까지 이룰 수 없었던 커다란 진보를 이룰 수 있습니다.

chapter 27

무슨 일을 하든지
그 때 하고 있는 일만을 생각하라

•

　최근에 '무언가를 먹고 있을 때, 혹은 길을 가다가 무언가를 볼 때 어떻게 그것에 집중해야 합니까?' 라고 저에게 조언을 구한 사람이 있었습니다. 저의 대답은 '무슨 일을 하고 있든지 그 때 하고 있는 일에만 집중하면 됩니다' 였습니다.

　지금 이 순간에 관리하지 못하는 두뇌 작용을 다음 순간에도 관리할 수는 없는 법입니다. 작은 일들에 신경을 쓰면서 마음을 방황케 하다보면 마음은 말을 잘 듣지 않게 되고 막상 중요한 일에 집중하려고 할 때도 생각처럼 쉽게 되지 않습니다.

　집중할 수 있는 사람은 행복하며, 바쁘게 일하고 있습니다. 쓸데없이 시간을 보내는 일이 없습니다. 늘 일이 산더미처럼 쌓여 있지요. 과거의 실패를 뒤돌아볼 여유 따위는 없습니다. 그런 생각을 해봐야 기분만 상할 뿐입니다.

　훈련 없이는 의지력이 명료함과 결단력을 가지고 신속하게 움직일 수가 없습니다. 하루 가운데 어떤 순간이든 자신이 무얼 하고 있는지를 잘 알고 있는 사람은 그다지 많지 않습니다. 자기가 하고 있는 일을 알기 위해 제대로 된 방법으로 정확하게 관찰하고 있지 않기 때문입니다. 집중력을 단련하고 평정심과 신중함을 잊지 않으며 명확하게, 신속하게, 그리고 결단력을 가지고 생각하는 훈련을 한다면, 자신이 하고 있는 일을 늘 파악하는 일이 그렇게 어렵지는 않을 것입니다.

염려하면서, 혹은 초조해하면서 무슨 일을 하게 되면 그 행위는 마음의 감광판(感光板)에 선명하게 새겨지지가 않고, 따라서 무의식적으로 행동하게 됩니다. 명료하게 생각하는 힘, 사고력을 한 점에 집중시키는 힘, 더 나아가 진실을 꿰뚫어 보는 힘을 단련하면 집중력은 쉽게 얻어질 것입니다.

요컨대 사소한 행동들을 통제할 수 있게 되어야 된다는 것이지요. 그렇게 하지 않으면 나쁜 습관이 배게 되고, 나중에 그것을 고치려 해도 집중하는 일에 익숙하지 않기 때문에 잘 되지가 않습니다. ●

집중할 수 있는 사람은 행복하며, 늘 바쁘게 일하고 있습니다. 또한 명료함과 결단력을 가지고 신속하게 움직이며, 어떤 순간이든 자신이 무얼 하고 있는지 잘 알고 있습니다.

성공하려면 남을 밀어젖히지 말고,
또 자기 힘을 측량하여 무리하지 말며,
뜻한 일에는 한눈팔지 말고
묵묵히 나아가야 한다.
이것이 곧 성공의 요술주머니이다.

벤자민 프랭클린

LESSON 06

의지력을 키우는 트레이닝

28 의지력을 어떻게 사용하느냐에 따라 인생에 큰 차이가 생긴다.

29 천재란 어떤 고생도 마다하지 않고 작은 일들을 계속해나가는 강한 의지의 소유자를 말한다.

30 자신의 약점을 극복하는 법

31 애매한 계획이 아니라 명확한 계획을 세우고 끝까지 포기해서는 안 된다.

32 성공한 사람들은 신속한 결단으로 기회를 잽싸게 낚아채고 있다.

33 지성을 연마하기보다 의지력의 사용법을 배우는 일이 더 중요하다.

chapter **28**

의지력을 어떻게 사용하느냐에 따라
인생에 큰 차이가 생긴다

●

「윌 · 투 · 두(Will To Do)」란, 「뭔가를 이루고자 하는 확고한 의지」를 뜻합니다. 이것은 세상에서 가장 위대한 힘이며, 그 누구도 그 한계를 미리 짐작으로 정할 수 없습니다. 우리가 지금 하고 있는 일들은 몇 세대 전까지는 불가능한 일들이었습니다. 하지만 오늘날은 '불가능은 없다' 라는 격언에 걸맞는 시대라 할 수 있습니다.

「윌 · 투 · 두」는 매우 실용적인 힘이면서도 그 실체를 설명하기란 매우 어려운 것입니다. 원인과 결과를 통해서만 알 수 있다는 점에서 전력(電力)에 비유할 수 있을지도 모르겠군요. 하지만 양쪽 모두 우리가 움직일 수 있는 힘이며, 어느 정도까지 움직일 수 있느냐에 따라 우리의 미래가 결정됩니다.

의식적으로든 무의식적으로든 뭔가를 확실히 이루어낼 때마다 당신은 「의지의 법칙」을 이용하고 있습니다. 옳든 그르든 모든 일은 의지로 이루어지기 때문에, 의지를 어떻게 사용하느냐에 따라 인생에 큰 차이가 생깁니다.

　누구든지 그 나름대로「윌·투·두」를 가지고 있습니다. 그것은 모든 의식적인 행위를 통제하는 내적인 에너지이며, 당신이 윌·투·두를 행함으로써 인생의 힘의 흐르는 방향을 결정합니다. 좋은 것이나 나쁜 것, 모든 습관이 당신의 윌·투·두의 결과입니다. 당신의 그러한 것들이 인생의 상황을 향상시키기도 하고 악화시키기도 합니다. 당신의 의지는 모든 지식의 경로, 모든 활동, 모든 업적과 연결되어 있는 것입니다. ●

「윌·투·두」란,「뭔가를 이루고자 하는 확고한 의지」를 뜻합니다.「윌·투·두」를 어느 정도까지 움직일 수 있느냐에 따라 우리의 미래가 결정됩니다.

chapter 29

천재란 어떤 고생도 마다하지 않고
작은 일들을 계속해나가는
강한 의지의 소유자를 말한다

●

사람이 어떤 흥분상태에 있을 때 엄청난 힘을 발휘한다는 얘기는 아마도 알고 계실 겁니다.

어느 농가에 불이 났습니다. 집에는 아내밖에 없고, 집 물건들을 나르는 걸 도와주는 사람도 없습니다. 아내는 몸이 병약하고 평소에는 가냘픈 여자로 다들 알고 있었지요. 그런데 화재가 일어났을 때 그녀가 집에서 꺼내온 물건들은 나중에 남자 셋이서 옮겨야 할 정도의 양이었습니다. 그녀가 이 일을 달성하기 위해 사용했던 것이 바로 윌·투·두였던 것입니다.

천재란 바로 어떤 고생도 마다하지 않고 작은 일들을 계속해나가는 강한 의지의 소유자를 말합니다. 작은 일을 훌륭히 해내다보면, 큰 일로 이어지는 기회의 문이 활짝 열리는 법입니다.

완벽하게 계발되고 안정된 의지력을 가진 사람은 거의 없습니다다만, 혹 가지고 있는 사람은 자신의 약점을 아주 손쉽게 극복합니다. 한 번 자기자신의 모습을 가만히 바라봅시다. 그리고 당신의 최대의 약점을 발견하고, 그 다음에 의지력으로 그것을 극복하기 바랍니다. ●

완벽하게 개발되고 안정된 의지력을 가진 사람은 거의 없지만, 작은 일을 훌륭히 해내다보면 큰 일로 이어지는 기회의 문이 활짝 열리는 법입니다.

chapter 30
자신의 약점을 극복하는 법

•

다음과 같은 방법으로 자신의 약점을 하나씩하나씩 강한 인격으로 키워나갑시다.

향상의 법칙

어떤 소원이 생기면 우선 그것이 자신에게 도움이 되는 일인지 아닌지부터 먼저 생각하십시오. 만약 도움이 안 되는 일이라면 의지력을 가지고 그 소원을 가차없이 내던져 버리십시오. 반대로 올바른 소원이라면 의지력을 남김없이 집결시켜 앞을 가로막는 모든 장애물을 무너뜨리고, 당신이 진심으로 바라는 것을 확실하게 자기 것으로 만들어야 합니다.

느린 결단력에 대해서

이것은 나약한 의지력 때문입니다. 뭔가를 해야 된다는 걸 알고 있으면서도 결단력의 부재로 때를 놓쳐버리고 마는 경우가 많습니다. 어떤 일을 하기보다 안 하는 것이 편하지만, 당신의 양심은 하라고 외칩니다. 대다수의 사람들은 어떤 일을 해야 할 때 실행에 옮길 수 있는 결단력의 부재로 낙오자가 되고 맙니다. 반면 성공한 사람들은 신속하게 결단을 내림으로써 기회를 재빨리 낚아채는 것입니다.

앞으로 일주일 동안 일상적으로 아무렇지도 않은 사소한 일들에 대해 재빨리 결단을 내리는 연습을 합시다. 기상시간을 정하고 정확히 그 시간에 일어나도록 하세요. 해야할 일들은 모두 시간에 맞춰서, 혹은 그 시간 이전에 끝내도록 합니다. 물론 중요한 사항에 대해서는 신중하게 생각해야겠지만, 작은 일로 결단력의 연습을 쌓음으로써 큰 일을 할 때도 신속하게 결단을 내리는 능력을 터득할 수 있습니다. 꾸물거리며 뒤로 미루는 행위는 금물입니다. 그릇된 결단을 내렸을 때의 위험부담을 각오하고 오른쪽인지 왼쪽인지 결단을 재빨리 내리십시오.

자주성의 결여

이것도 많은 사람들로 하여금 성공에서 멀어지게 하는 요인입니다. 그들은 무슨 일을 하든지 다른 사람을 따라하는 습관이 배어 있습니다. 주변에서 흔히 볼 수 있는 사람이 '머리는 잘 돌아가는 것 같은데 자주성이 부족한' 사람입니다. 이런 사람에게 있어서 인생이란 지루한 나날의 연속일 것입니다.

그들이 하루하루를 발전 없는 단조로운 일들을 반복하며 보내고 있는 한편,「행동파」들은 자주성을 발휘해서 인생을 마음껏 즐기고 있습니다. 자주성이란 자기자신을 위해 생각하고 행동하는 힘을 말합니다. 이 힘의 부재만큼 더 큰 빈곤은 없습니다.

자신이 바라는 것이 올바른 소원이라면 신속한 결단을 내리고, 자주성을 발휘하여 인생을 즐기십시오.

chapter **31**

애매한 계획이 아니라
명확한 계획을 세우고
끝까지 포기해서는 안 된다

●

　당신은 다른 누구와도 다를 바 없는 뛰어난 사람입니다. 당신에게는 강한 의지가 있으며 그것을 사용하면 당신도 풍요로운 인생을 누릴 수 있습니다. 부디 꼭 그 힘을 사용해서 풍요로움을 손에 넣으십시오. 다른 사람의 도움은 기대하지 않는 게 상책입니다. 자신의 힘만으로 싸워야 합니다. 투사는 세상 모든 사람들로부터 사랑을 받고 겁쟁이는 모든 사람들로부터 멸시를 당하기 마련입니다.

　사람마다 문제가 제각기 다르기 때문에, 나는 자신의 기회와 상황을 분석하고 타고난 재능을 연구하라는 말 밖에는 해드릴 수가 없습니다. 자기개선을 위한 계획을 짜고 실행에 옮깁시다. 앞서도 말씀드렸다시피 '이걸 해야겠다, 저것도 해야겠다' 라는 식으로 말만 해서는 안 됩니다. 계획을 실행에 옮겨야 됩니다. 애매한 계획이 아니라 명확한 계획을 세우고, 목표를 달성하는 그 날까지 결코 포기해서는 안 됩니다.

　이 조언을 진지하게 실천한다면 곧 두드러진 성과가 나타나, 당신의 인생이 근본부터 변화될 것입니다. '강한 의지를 가지고 나는 내가 하고 싶은 일을 망설임 없이 하겠다' 이 자기암시가 당신의 의욕을 높여줄 것입니다.

　끈기 있는 정신은 성공의 열쇠입니다. 많은 사람들이 어느 정도까지만 가고 중도에 포기해버리곤 하는데, 실은 거기서 조금만 더 버티기만 했다면 분명 성공할 수 있었을 것입니다. 자주성을 충분히 갖췄으면서도 한 가지 일에 자주성을 집중시키지 못하고 분산시킴으로써 효력이 사라질 때까지 낭비하는 사람이 많이 있습니다. ●

자기개선을 위한 계획을 세웠다면 반드시 실행을 옮겨야 합니다. 그리곤 목적을 달성하는 그때까지 결코 포기해서는 안 됩니다. 끈기 있는 정신이 성공의 열쇠입니다.

chapter **32**

성공한 사람들은 신속한 결단으로
기회를 잽싸게 낚아채고 있다

●

결단력이란 「윌·투·두」 그 이상도 그 이하도 아닙니다. 결단력을 키우고 일단 무슨 일을 시작했으면 바라는 결과가 나올 때까지 끈기 있게 기다립시다.

물론 무슨 일이든 시작하기 전에는 장래를 내다보고 마지막엔 어디에 다다를 것인지를 생각해볼 필요가 있습니다. 어디에도 통하지 않은 길이 아니라 어딘가로 통하고 있는 길을 선택해야 합니다. 어떠한 형태로든 결실 있는 결과가 동반되는 여행이어야만 합니다. 젊은 기업가들의 문제 가운데 매우 많은 것이 미래를 내다보지 않고 사업을 시작해버리는 것입니다.

하지만 여행의 시작은 여행의 끝만큼 중요하지는 않습니다. 모든 작은 행동들이 사업에 착수하기 전에 세운 목표에 당신을 다가설 수 있도록 해주는 것이 중요합니다.

인내력의 부재는 곧 윌·투·두의 부재입니다. '계속하자'고

할 때나 '포기하자'고 할 때나 사용되는 에너지는 똑같습니다. 후자를 입에 담은 순간 당신의 발전기는 멈추고 결심은 사라지지요. 결정한 일을 포기할 때마다 당신의 결단력은 점점 쇠퇴하게 됩니다. 그 사실을 잊지 마십시오. 마음이 흔들리기 시작했음을 알아차린 순간, 어서 정신을 집중하고 의지력을 쏟아 부어 그 일을 계속해나갈 결의를 굳혀야 됩니다.

평온한 정신상태가 아닐 때는 결단을 내려서는 안 됩니다. 마음이 급한 상태에 있을 땐 나중에 후회할만한 말을 입에 담기 십상입니다.

화가 났을 때는 이성보다 충동이 강합니다. 자신의 정신력을 완전히 통제하지 못한 상태에서 결단을 내리면 그 누구도 성공할 수 없습니다.

때문에, '결단은 자신이 최상의 상태에 있을 때 내려야 된다'는 사항을 반드시 지켜주십시오.

마음이 급해지면 숫자를 거꾸로 센다거나 하는 간단한 방법으로 금세 감정을 제어할 수 있습니다. 숫자를 거꾸로 세는 것은 집중력을 요하는 일이기 때문에 재빨리 평정심을 되찾을 수 있는 까닭이 여기에 있는 것이죠.

가장 최근에 화를 냈을 때 자기가 했던 말, 생각했던 일들을 뒤돌아보는 것은 매우 도움이 됩니다. 다른 사람이 당신을 보는 것과 똑같이 자신을 바라볼 수 있을 때까지 끈기 있게 참으십시오.

그 때의 상황을 대본 형식으로 적어내고 자신의 역할을 맡은 캐릭터를 평가해보는 것도 나쁘지 않습니다. ●

자신의 정신력을 완전히 통제하지 못한 상태에서 결단을 내리면 성공할 수 없습니다. 결단은 자신이 최상의 상태에 있을 때 내려야 합니다.

chapter **33**

지성을 연마하기보다
의지력의 사용법을 배우는 일이 더 중요하다

●

　윌·투·두는 일종의 정신적 에너지인데, 일정한 모양을 갖추기 위해서는 올바른 마음가짐이 필요합니다. '훌륭한 의지력의 소유자'라는 말을 흔히들 하지만 그 표현은 완전히 틀린 말입니다. '많은 사람들에게는 숨겨져 있는 힘인 의지력을 실제로 사용하고 있는 사람'이라는 표현이 맞는 것입니다. 의지력의 독점권을 가진 사람은 없습니다.
　우리가 의지력이라고 부르는 것은 정신적 에너지를 집결시키는 것, 다시 말해 집중력의 힘을 한 지점에 모으는 것을 말합니다. 따라서 자기보다 강한 의지력을 가진 사람이라는 생각은 잘못된 생각입니다. 누구나 자신이 원하는 만큼의 의지력을 손에 넣을 수 있습니다. 늘 의지력을 남김없이 활용하고 있다면 의지력을 따로 계발할 필요가 없습니다. 의지력을 어떻게 활용하느냐에 따라 인생이 형성되기 때문에 그 힘을 사용하는 방향에 따라 당신의 운명이 결정된다는 것을 잊지 마십시오.

올바르게 사용하지 않으면 자주성이든 결단력이든 그 무엇도 얻을 수 없습니다. 스스로를 통제하지 못하고 다른 사람에게서 부림을 당하는 단순한 기계로 전락하게 됩니다. 지성을 연마하기보다 의지력의 사용법을 배우는 일이 훨씬 더 중요한 일입니다. 의지력의 사용법을 배우지 못한 사람은 좀처럼 자기 스스로 결단을 내리는 일이 없고, 다른 사람이 하는 말에 결심했던 것을 번복하곤 합니다. 자기 의견을 쉽게 바꾸고, 당연히 눈에 띌 만한 일은 그 무엇 하나 이뤄내지 못합니다. 한편, 의지력을 단련한 사람은 세계적인 지도자들과 나란히 어깨를 견주게 될 것입니다. ●

의지력을 어떻게 활용하느냐에 따라 인생이 형성되기 때문에, 그 힘을 사용하는 방향에 따라 당신의 운명이 결정된다는 것을 잊지 마십시오.

사람에게
무언가를 가르칠 수는 없다.
할 수 있는 것은,
상대방 속에 있는 힘을
끄집어내 볼 수 있도록
도와주는 일뿐이다.

갈릴레오 갈릴레이

LESSON 07

무한한 정신력을 끄집어내라

34 멘탈·디맨드란 바라는 것들을 마음 속에서 강하게 끌어당기는 힘을 말한다.

35 성공을 쟁취하기 위한 첫 번째 비결은 끈기이다.

36 간절하게 바라는 일이 원하는 것을 손에 넣기 위한 첫 걸음이다.

37 성공하고 싶다면 그 동안 자신이 이뤄낸 일에 대해 결코 만족하지 말 것.

38 성공하는 데 나이는 아무런 상관이 없다.

chapter 34

멘탈·디맨드란
바라는 것들을 마음속에서
강하게 끌어당기는 힘을 말한다

●

 바라는 것들을 마음속에서 강하게 끌어당기는 힘, 「멘탈·디맨드(Mental Demand)」는 목표달성을 위한 효과적인 힘입니다. 마음가짐이란 표정에 나타나기 마련이며, 행동을 결정하고, 몸 컨디션을 좌우하며 인생을 형성합니다.

 평범한 일밖에 하지 못하는 한, 평범한 대중의 한 사람에서 벗어날 수 없습니다. 가능한 한 빨리, 아주 조금만 남들보다 앞서 나갈 수 있다면 성공한 사람들 대열에 낄 수 있습니다. 뛰어난 인물이 되고 싶다면 평범한 사람보다 더 많은 것들을 달성해야만 합니다. 자신이 바라는 것에 집중하고 전력을 다해야만 합니다. 경기에서 승자가 될 수 있는 것은 가장 다리가 긴 주자도, 가장 강한 근육을 가진 주자도 아닙니다. 자신의 소망에 가장 강한 힘을 쏟아 부을 수 있는 주자입니다.

 기차는 천천히 출발하고 기관사가 서서히 속도를 올려 곧 최대

속도에 이르게 됩니다. 두 사람의 주자에 대해서도 똑같은 말을 할 수 있습니다. 동시에 출발한 두 사람은 더 빨리 달리고 싶어 하는 욕구를 서서히 높여갑니다. 이기는 쪽은 그 욕구를 최대한으로 높이 끌어올린 사람입니다. 목표지점에 도착했을 때의 차이는 겨우 몇 센티미터밖에 되지 않을지 모르지만, 어쨌든 승리의 월계관을 쓰는 건 그 사람입니다. ●

> 평범한 일밖에 하지 못하는 한, 평범한 대중의 한 사람에서 벗어날 수 없습니다. 뛰어난 인물이 되고 싶다면 자신이 바라는 것에 집중하고 전력을 다해야만 합니다.

chapter 35
성공을 쟁취하기 위한
첫 번째 비결은 끈기이다

●

세계적으로 성공한 사람이라 인정받는 사람들이 반드시 육체적인 힘이 뛰어났다거나, 출발 당시부터 주변 환경에 적응을 잘했다고 단정할 순 없습니다. 처음부터 특별히 뛰어난 재능의 소유자였던 것도 아닙니다. 다만 그 어떤 장애에도 좌절하지 않고 강한 결의로 성공을 쟁취한 것입니다. 어떤 고난에도 물러서지 않고, 무슨 일이 있어도 결심한 일을 번복하는 일 없이, 늘 목표로부터 눈을 떼지 않았던 것입니다.

이 강력하고도 조용한 힘은 우리 모두의 내면에 존재합니다. 이를 단련하면 아주 불가능처럼 여겨진 상황도 헤쳐나갈 수가 있습니다. 이 힘을 숙지하면 숙지할수록 뛰어난 전략가가 되며, 용기가 솟아나 많은 분야에서 자기표현을 하고 싶은 욕구가 높아집니다.

성공의 첫 번째 요소는 끈기입니다. 즉, 어떤 일을 실행하는 데 결코 멈춰 서서는 안 된다는 것입니다. 착수하고 있는 일에 생각을 집중하고, 목적을 달성할 때까지는 가진 에너지 전부를 쏟아부어 그 상태를 유지해 나가야 합니다.

멘탈·디맨드에는 실체가 없기 때문에 그런 힘은 존재하지 않는 것처럼 여겨지곤 합니다. 그러나 사실은 세계최강의 힘입니다. 당신이 원하는 만큼 사용할 수 있는 힘이며, 다른 그 누구도 당신을 대신해서 사용할 수 없습니다.

당신은 가능성으로 가득 찬 커다란 저장고를 가지고 있는 것과 같은 셈입니다. 멘탈·디맨드는 그 가능성을 현실로 만들어줍니다. 목표달성에 필요한 것은 모두 제공해주며 도구를 골라주고, 사용법을 알려주며 상황을 파악하게 해줍니다. 멘탈·디맨드를 실행할 때마다 당신은 외부의 힘을 자신에게 끌어들이며 두뇌의 힘을 증대시키게 됩니다. ●

세계적으로 성공한 사람들이 육체적인 힘이 뛰어나거나 특별히 뛰어난 재능이 있었던 것이 아닙니다. 다만 그 어떤 장애에도 좌절하지 않고 강한 결의로 성공을 쟁취한 것입니다.

chapter 36

간절하게 바라는 일이
원하는 것을 손에 넣기 위한 첫 걸음이다

●

　멘탈·디맨드의 힘을 이해하는 사람은 아주 극소수입니다. 하지만 마음속으로 강하게 바라기만 하면 소리 내어 말하지 않아도 하고 싶은 말을 상대방에게 전하는 일도 가능합니다. 친구와 어떤 일에 대해 의논하고자 마음을 먹었는데, 이쪽에서 입을 열기 전에 상대가 먼저 얘기를 꺼냈던 경험은 없나요? 아니면 편지로 친구에게 어떤 제안을 했는데, 편지가 도착하기도 전에 상대방이 그것을 실행한 적은 없었나요? 어떤 사람과 얘기를 나누고 싶다고 생각하던 찰나에 그 사람이 문득 나타나거나 전화를 걸어왔던 경우는 또 어떻습니까? 자신이 생각하던 일에 대한 그런 반응을 저는 헤아릴 수 없이 경험하고 있습니다. 당신도 친구들 사이에서 그런 경험이 분명 있었을 것입니다.

　이러한 일련의 일들은 우연도 아무것도 아니며, 바로 강한 집중력이 만들어낸 멘탈·디맨드의 결과인 것입니다.

아무 것도 원하지 않는 사람은 아주 조금밖에 손에 넣을 수 없습니다. 간절하게 바라는 일이 원하는 그것을 손에 넣기 위한 첫 걸음입니다.

단, 일단 멘탈·디맨드를 만들어내면 결코 그것을 사그라들게 해서는 안 됩니다. 당신과 소망 사이를 잇는 흐름이 끊어지고 말기 때문입니다. 충분한 시간을 들여 튼튼하게 기초를 쌓아, 약간의 망설임도 비집고 들어올 틈이 없도록 해야 합니다. 의심을 품는 순간 멘탈·디맨드는 그 힘을 상실하게 되며, 일단 잃어버린 힘은 다시 되찾는 일이 무척 어렵습니다.

멘탈·디맨드의 힘은 초능력은 아니지만 뇌중추의 훈련을 필요로 합니다. 단호한, 강한 결의를 가지고 임한다면 결과는 확실해질 것입니다. ●

아무 것도 원하지 않는 사람은 아주 조금밖에 손에 넣을 수 없습니다. 원하는 것을 손에 넣기 위한 첫 걸음은 간절하게 바라는 것입니다.

chapter **37**

성공하고 싶다면
그 동안 자신이 이뤄낸 일에 대해
결코 만족하지 말 것

●

많은 것을 얻고 싶다면 많은 것을 요구(디맨드)할 필요가 있습니다. 그리고 멘탈·디맨드를 실행했다면 우선 그것이 실현되는 모습을 예측하세요.

자기 안에 있는 이 힘을 깨닫기 전에는 그 누구도 큰 진보를 바랄 수 없습니다. 만약 지금도 깨닫지 못하고 있다면 분명 당신은 아직까지도 큰 성공을 거두지 못한 채 인생을 보내고 있을 것입니다. 특별한 사람과 그 외의 대다수의 사람들을 구분 짓는 것은 바로 이 힘입니다. 바로 이 정체불명의 힘이 강한 인격을 키워내는 것입니다.

실현될 수 있을지 없을지 여부는 우리가 하기 나름입니다. 사람은 노력한 양만큼 보상을 받는 법입니다. 우리는 자신이 이렇게 되어야겠다고 마음먹은 모습으로 바뀌기 마련입니다.

올바른 마음자세로 임한다면 능력에 비례한 성공을 손에 넣을 수 있습니다. '평균'적인 능력을 가진 여러분, 자신을 평범한 사람이라고 생각하는 당신도 충분히 성공을 손에 넣어, 불안감에 사로잡히는 일 없이 내 갈 길을 가는 자기 인생의 주인이 될 수 있습니다. 그 조건은 다음 두 가지뿐입니다.

첫째 조건. 자신이 지금 현재 하고 있는 일, 그리고 지금까지 이뤄낸 일에 대해 결코 만족하지 말 것.

둘째 조건. 「불가능」이라는 말은 자신을 위해 있는 말이 아니라고 굳게 믿을 것. 마음이 그 힘을 사용할 수 있도록 자신감을 키울 것.

자기 인생의 주인이 되려면, ①자신의 행동이나 그 동안 이뤄낸 일에 대해 결코 만족하지 말 것, ②불가능하다고 생각하지 말고 자신감을 키울 것.

chapter **38**

성공하는 데 나이는 아무런 상관이 없다

●

'자신감을 어떻게 하면 키울 수가 있는 것입니까? 몇 년 몇 개월 씩이나 단조로운 일을 습관적으로 해오던 평범한 나날을 보내다가, 갑자기 일상을 바꿔 인생을 가치 있게 만들 계획을 세우고 실행에 옮기라니, 그런 일을 어떻게 할 수 있는 겁니까?'

'틀에 박힌 생활을 몇 년씩이나 계속해오며 그저 편안히 눈 감을 날만을 기다리는, 느리고 단조로운 생활에 안주해버린 사람이 어떻게 하면 그곳에서 벗어날 수 있다는 겁니까?'

대부분의 사람들, 특히 중·노년층들은 이런 의문을 가질 것입니다.

이에 대한 대답은, 누구나 하려고만 마음먹으면 할 수 있고, 그동안 헤아릴 수 없는 만큼 많은 사람들이 실제로 그렇게 해왔다는 사실입니다.

프랑스에서 칭송받는 위인 가운데 철학자 리트레라는 인물이 있습니다. 방대한 프랑스어사전의 집필·편찬이라고 하는, 학문에 있어서 금자탑적인 업적으로 잘 알려진 사람입니다. 리트레는 아카데미 프랑세즈 회원 가운데 한 사람이었지만, 파스퇴르[주]라는 학자가 새로 뽑히는 바람에 자리를 잃게 되었습니다.

리트레는 그때부터 훗날 그를 유명하게 만들 사전편찬 작업을 시작한 것입니다. 그것은 그의 나이 예순을 넘기고 나서였습니다.

| 주 | 루이·파스퇴르(Louis Pasteur: 1822~1895) : 프랑스의 화학자·세균학자.

> '어떻게 갑자기 일상을 바꿔 인생을 가치 있게 만들 계획을 세우고 실행에 옮길 수 있는 겁니까?' 이에 대한 대답은, 그 동안 많은 사람들이 그렇게 해왔다는 사실입니다.

세계의 위대한 사업의 대부분은
절망이라고 생각되었을 때에도
더욱 열정적으로 일을 계속한
사람의 손에 의하여 이루어진다.

데일 카네기

LESSON 08

평온한 정신상태가 집중력을 키운다

39 자신이 생각을 지배하지 못하고, 생각에 지배권을 넘기는 사람은 성공할 수 없다.

40 자기자신을 매력적이라고 생각하고 그 생각에 집중을 한다면 다른 사람들도 똑같이 느낄 것이다.

41 인생을 통제하고 싶다면 우선 자신의 생각을 통제해야 한다.

42 자신의 한계를 정하는 것은 자기자신이다.

chapter 39

자신이 생각을 지배하지 못하고, 생각에 지배권을 넘기는 사람은 성공할 수 없다

●

집중력이 있는 사람은 항상 평정심을 유지하고 있는데 비해 생각이 산만한 사람은 금세 동요합니다.

평정심을 잃기 쉬운 사람은 마음을 진정시켜줄 만한 문학작품을 읽는 습관을 길들이도록 합시다. 자기가 느낄 때 차분함이 없어지는 듯하면 곧바로 「피스(peace)」라고 말하고, 그 후에도 이 단어를 머릿속에 계속 되뇌이다 보면 다시는 자제심을 잃는 일은 없을 것입니다.

마음이 평온한 상태에 있을 때 당신에게서 겁이나 불안감, 두려움, 고집 등은 그 자취를 감추고 그 어떤 부정적인 생각에도 동요하지 않게 됩니다.

종이를 한 장 준비하고 '나는 내 자신이 원하는 건 모두 손에 넣을 수 있고, 내가 이렇게 되길 바라기만 하면 뭐든지 될 수 있는 힘을 가지고 있다'라고 적으십시오. 이 말을 항상 마음에 담아두면 큰 도움이 된다는 걸 알 수 있을 것입니다.

일에 지나치게 몰두한 나머지 교회에 가도 일만 생각하고 목사님 말씀이 전혀 귀에 들어오지 않는 사람들이 많이 있습니다. 극장에 가더라도 정신은 다른 데 팔려서 연극 같은 걸 즐길 겨를이 없죠. 잠자리에 들어도 일 생각이 머리를 떠나지 않아 잠이 오질 않고, 왜 잠이 안 오는지 고민하기도 합니다. 이것은 잘못된 집중이며 위험하기까지 하죠. 자기자신을 통제하지 못하고 있기 때문입니다.

한 가지 생각을 쉴 새 없이 계속 품다보면 육체의 쇠약을 초래하기 때문에 그러한 상황은 불건전하다고 할 수 있습니다. 자신이 생각을 지배하는 것이 아니라, 생각에 자신의 지배권을 넘기는 것은 큰 잘못입니다.

자기자신을 지배하지 못하는 사람은 성공할 수 없습니다. 집중력을 통제하지 못하면 건강을 해치게 될 것입니다. ●

집중력이 있는 사람은 항상 평정심을 유지하고 있는데 비해 생각이 산만한 사람은 금세 동요합니다.

chapter **40**

자기자신을 매력적이라고 생각하고
그 생각에 집중을 한다면
다른 사람들도 똑같이 느낄 것이다

●

　사람들은 누구든지 악습을 몇 가지는 가지고 있기 마련입니다. 예를 들어 당신에게 투덜거리는 습관이 있다고 합시다. 이 외에도 자기자신 또는 타인의 흠을 잡는다거나, 자신은 다른 사람보다 능력이 떨어진다고 믿거나, 자신은 다른 누구누구보다 우수하지 못하다고 느낀다거나, 자신을 신뢰할 수 없다, 혹은 이와 비슷한 약한 생각들을 품는 등 다양한 악습들을 생각해볼 수 있습니다.
　'나는 나약한 인간이다' 라고 생각될 때마다, 그렇게 생각함으로써 자기자신을 실제로 나약한 인간으로 만들고 있다는 사실을 상기하십시오. 정신상태가 우리 모습을 만들어냅니다. 불안감에 사로잡히거나, 불평불만을 늘어놓거나, 고민에 빠짐으로써 얼마나 많은 시간들이 낭비되고 있는지 자기자신을 한 번 잘 관찰해보십시오.
　부정적인 생각을 하고 있다고 깨달은 순간 바로 긍정적인 생각으로 전환합시다. 좌절하기 시작했다면 의식적으로라도 재빨리 성공에 대한 생각으로 전환하십시오. 바로 그 순간부터 당신 안에는 성공의 씨앗이 뿌리내리기 시작할 것입니다.

어떤 사람이 많은 사람들과 함께 어떤 방에 들어간다고 칩시다. 만약 그가 자기자신을 하찮은 인물로 여기고 있다면, 설사 그를 봤다고 하더라도 기억에 남지도 않을 것입니다. 그에게 끌리지 않기 때문입니다.

하지만 그가 자기자신을 매력적이라고 생각하고 그 생각에 집중을 한다면 사람들은 분명 그에게서 어떠한 울림을 느낄 것입니다. 당신의 느낌을 똑같이 다른 사람에게도 느끼게 할 수 있습니다. 이미 말씀드렸다시피, 자신이 느낀 것 이상을 다른 사람에게 느끼게 할 수는 없으니까요. ●

'나는 나약한 인간이다' 라고 생각함으로써 자기자신을 실제로 나약한 인간으로 만들고 있다는 사실을 상기하십시오. 부정적인 생각을 하고 있다고 깨달은 순간 바로 긍정적인 생각으로 전환합시다.

chapter 41

인생을 통제하고 싶다면
우선 자신의 생각을 통제해야 한다

●

역사상의 위인이라 불리는 사람들을 조사해보면 그들이 모두 열정 있는 사람들이었다는 걸 알 수 있습니다. 우선 그들 스스로가 열정을 가지고 있었고, 바로 그렇기 때문에 주변 사람들의 열정을 불러일으킬 수가 있었던 것입니다. 열정은 누구나 잠재적으로 가지고 있으며, 그것이 눈을 떴을 때는 엄청난 위력을 발휘합니다. 성공을 바라보는 사람들에겐 빼놓을 수 없는 요소이니만큼 집중력으로 잘 키워나갑시다.

하루 가운데 자신의 영혼과 잔잔히 대화를 나눌 수 있는 시간을 마련해보십시오. 진지한 소망과 진심에서 우러나오는 회한을 담아 명상을 하면 명상한 일들을 실현할 수 있을 것입니다. 이것이 성공으로 가는 제1단계입니다.

자신이 되고 싶어 하는 모습대로 생각하고, 말하고, 행동하면 그대로 될 수 있습니다. 당신은 당신이 '나는 이렇다'라고 생각한

대로의 인간입니다. 다른 사람에게 어떻게 보이는지는 상관없습니다. 사람들 눈은 속일 수 있을지 몰라도 자기자신을 속일 수는 없습니다. 양손을 마음대로 움직일 수 있듯이 인생도 행동도 모두 통제할 수 있습니다. 손을 들고 싶을 때는 우선 손을 들어야겠다는 생각부터 하지 않으면 안 되겠지요?

인생을 통제하고 싶다면 우선 자신의 생각부터 통제해야 합니다. 그렇습니다. 자신이 생각하는 것에 대해 집중만 한다면 쉽게 이뤄낼 수 있습니다.

사람이 할 수 있는 일은 스스로가 '해야 되겠다'고 생각한 일에만 국한됩니다. 생각에 집중하고 스스로를 단련하여 두뇌의 힘을 늘리고 정신적 에너지를 크게 키웁시다. 그렇지 않으면 게으름뱅이, 갈피를 못 잡는 인간, 무슨 일이든 쉽게 포기하는 사람, 쓸모없는 인간이 바로 당신의 미래의 모습이 될 것입니다. 모든 것은 당신의 집중력, 즉 생각을 한 곳에 집중시킬 수 있는지 여부에 달려있습니다. ●

자신이 되고 싶어 하는 모습대로 생각하고 말하고 행동하면 그대로 될 수 있습니다. 당신은 당신이 '나는 이렇다'라고 생각한 대로의 인간입니다.

chapter 42
자신의 한계를 정하는 것은 자기자신이다

●

　우리의 지금 현재 모습은 우리 내면의 만들어낸 결과물입니다. 구제불능의 절망 속에서 원하던 것이 저쪽에서 알아서 찾아오기만을 그저 손 놓고 기다려봐야 소용없는 일입니다. 그러나 전력을 다해 손을 뻗기만 하면 바라던 것에 손이 닿을 것입니다.
　경주하는 걸 본 적이 있으실 겁니다. 모두가 일렬로 서서, 다른 선수보다 더 빨리 목적지에 도착하는 모습을 각자가 마음속으로 그리고 있습니다. 이것은 일종의 집중상태입니다. 어떤 사람이 어떤 일에 대해 생각하기 시작하는 것, 즉 머릿속에 떠오르는 가운데 집중하여 하나의 생각만을 고르고 그 밖에는 모두 차단하는 것을 말합니다. 집중력이란 바로 뭔가를 하고 싶다는 의지를 가지고 그 일을 하는 것, 그 이외에 아무 것도 아닙니다.
　뭔가를 이루고 싶다면 우선 평온하고 집중된, 그리고 감수성 풍부하고 모든 것을 흡수하기 쉬운 정신상태로 자신을 만들어야 합니다. 필사적으로 생각하거나 결과에 대해 지나치게 조바심을 내거나 하면, 대개는 내면의 생각이나 아이디어의 흐름을 끊어버리는 일을 초래하게 됩니다. 어떤 아이디어를 떠올리려고 필사적으로 노력해 봐도 안 됐는데, 생각하는 걸 그만 둔 순간 아이디어가 떠올랐던 적이 분명 당신에게도 있었을 것입니다.

자신의 한계를 정해버리는 것은 자기자신밖에 없습니다. ●

> 뭔가를 이루고 싶다면 모든 것을 흡수하기 쉬운 평온하고 집중된 정신상태로 자신을 만들어야 합니다. 지나치게 조바심을 내면 내면의 생각이나 아이디어의 흐름을 끊어져버리게 됩니다.

당신은 당신 자신이 되고자
마음먹은 그대로 될 수 있다.
이 세상에서 값어치 있는
그 무엇이 되고자 결심하라.
그러면 그렇게 될 것이다.
"나는 못해"라고 말하면
정말 아무것도 이루지 못할 것이며,
"해봐야지" 하고 말하면
놀라운 일을 이룩할 것이다.

조엘 호즈

LESSON 09

집중력으로 악습을 끊다

43 좋은 습관을 만드는 것은 좋지 않은 습관을 만드는 것만큼이나 쉬운 일이다.

44 습관을 통제하는 다섯 가지 원칙

45 사람을 강하게 만드는 것도 약하게 만드는 것도 습관이다.

chapter **43**

좋은 습관을 만드는 것은
좋지 않은 습관을 만드는 것만큼이나
쉬운 일이다

●

　습관은 집중력에 있어서는 무서운 천적이기도 하면서 든든한 아군이기도 합니다. 우리가 성공할지 파멸할지 여부에 습관이 미치는 영향은 인정하기 무서울 정도로 매우 큽니다.
　레슨9의 목적은 당신이 자신의 습관에 대한 생각에 집중하고, 자신에게 있어서 플러스적인 습관과 마이너스적인 습관을 분별하게 하는 것에 있습니다. 몇 가지 필요한 변화를 일으키면 마이너스적인 습관도 유익한 것이 되며, 플러스적인 습관은 더더욱 큰 도움이 될 것입니다.
　여러분이 기억해야 할 것은, 의식적으로든 무의식적으로든 생겨나 이미 굳어진 습관이 인생을 크게 좌우한다는 사실입니다. 대부분의 사람들이 계속해서 새로운 습관을 만들어내고 있습니다. 어떤 일을 같은 방법으로 몇 번인가 반복한 결과, 그 방법으로 하게 되는 습관이 몸에 배는 경우가 흔히 있습니다. 그리고 반복하는 횟수가 많아질수록 그 습관은 깊이 뿌리내리며 당신의 몸에 스며들겠지요. 하지만 그 어떤 습관도 그것과 반대되는 것에 강하게 집중함으로써 끊어버릴 수가 있습니다.

우리는 습관적인 동물입니다. 즉 「과거의 자신의 모방자」인 셈이죠. 우리의 의지는 구부러지거나 부러지기 십상이며, 그것은 마치 우리가 종이 한 장을 접을 수가 있고 접을 때마다 주름이 생겨, 그 다음에 접을 때 더 쉬워지는 것과 같은 맥락입니다.

대부분의 사람들은 나이가 들면서 점차 기계처럼 변해갑니다. 여태 쌓아왔던 습관이 갈수록 그 위력을 더해가기 때문입니다. 우리는 자신이 익숙한 방법으로 일을 합니다. 때문에 직장 동료들은 당신이 특정방식으로 일을 처리하는 것에 대해 당연하다는 생각을 하게 됩니다. 그리고 좋은 습관을 만드는 것은 좋지 않은 습관을 만드는 것 만큼이나 쉬운 일입니다.

당신의 습관에 대한 책임을 질 사람은 바로 당신 밖에 없습니다.

> 마치 종이를 접을 때마다 주름이 생겨, 그 다음에 접을 때 쉬워지는 것과 같이, 의식적으로든 무의식적으로든 생겨나 이미 굳어진 습관이 인생을 크게 좌우합니다.

chapter 44
습관을 통제하는 다섯 가지 원칙

●

습관은 젊을 때일수록 만들기 쉬운 법인데, 자신을 바꿀 수 있는 젊은 시기를 이미 지나쳤다면, 좋은 습관을 만들어야 할 시기는 바로 지금입니다. 지금보다 더 젊어질 일은 이제 없을 테니까요. 다음 원칙을 외워두고 활용하도록 합시다.

첫 번째 원칙

「자신의 신경계를 적으로 돌리지 말고 우리 편으로 만든다」

두 번째 원칙

「낡은 습관에서 벗어나 새로운 습관을 몸에 배게 할 때는 확고한 결의로 첫 발을 내딛는다」

어릴 적부터 올바른 행위를 하는 습관을 가진 사람은 선량한 동기만을 가지고 있습니다. 때문에 선량한 동기를 키우는 습관에 끈기 있게 집중하는 것이 중요합니다. '왜 여태까지 이렇게 하고 있었는지'를 곰곰이 생각해보십시오. 만약 그것이 자신에게 도움이 안 되는 일이라면 과감하게 끊어버리십시오.

세 번째 원칙

「새로운 습관이 생활 속에 완전히 정착할 때까지 단 한번의 예외도 있어서는 안 된다」

새로운 습관이 뿌리내리기 전에 단 한 번이라도 타협을 하게 되면 그 동안 쌓아왔던 것들이 모두 물거품이 돼버린다는 것입니다.

마음에는 두 가지의 상반되는 경향이 있습니다. 한쪽은 결단코 변함이 없기를 바라고, 다른 한쪽은 타협을 하고 싶어 합니다. 반복을 통해 당신은 단호한 자신의 모습을 만들어낼 수가 있습니다. 그 어떤 반대세력에도 잘 대처할 수 있도록 당신의 의지를 단련시킵시다.

네 번째 원칙

「어떤 결심이든 그것을 실행에 옮길 수 있는 첫 번째 기회를 재빨리 포착할 것. 그와 동시에 자신의 몸에 꼭 배었으면 하는 습관을 실행에 옮길 생각이 들었을 때, 그 기회를 놓쳐서는 안 된다」

결심을 해도 그것을 지키지 않으면 거의 아무런 가치가 없습니다. 결심한 것을 지키다보면 값진 습관들이 생기고, 반대로 결심한 것을 어기면 위험한 습관이 생기게 됩니다. 중대한 결심이나 작은 결심이나 그것을 지키는 일에 집중하고, 비록 작은 결심이라 할지라도 결심한 것을 지키는 습관을 구축한다는 의미에선 마찬가지로 중요하다는 사실을 잊지 마십시오.

다섯 번째 원칙

「하루하루를 사소한 일들로 조금씩 자신을 단련해서, 노력하는 자세가 자기 안에 유지되도록 한다」

이런 종류의 고행은 집이나 물건에 거는 보험과도 같습니다. 부과금을 지불하고 있는 동안에는 아무런 쓸모도 없고 지불한 돈이 돌아오지 않을 때도 있겠지요. 하지만 일단 불이 나면 그 동안 지불했던 부과금이 화재로부터 당신을 구해주는 것입니다.

  사소한 일들에 굳이 주의력을 기울여 에너지를 소비하고 금욕적인 행동을 취하는 습관을 갖는 것도 보험 부과금을 지불하는 것과 같은 맥락입니다.

  언젠가 주변 환경이 와르르 소리내며 무너질 때, 동료들 모두가 돌풍에 날아가는 잔해처럼 떨어져나갈 때도 당신은 미동도 하지 않고 그 자리에 우뚝 서 있을 것입니다. ●

> 좋은 습관을 만들어야 할 시기는 바로 지금입니다. 지금보다 더 젊어질 일은 이제 없을 테니까요.

chapter 45

사람을 강하게 만드는 것도
약하게 만드는 것도 습관이다

●

좋은 습관이든 나쁜 습관이든 습관이 미치는 영향은 아무리 높이 평가해도 지나침이 없습니다. '습관은 인간을 지배하는 법칙 가운데 가장 뿌리 깊은 것이다' 라는 말이 있습니다. 사람을 강하게 만드는 것도 약하게 만드는 것도 습관이기 때문에 그 누구도 자신의 습관보다 강해질 수는 없습니다.

습관은 종종 「노력(勞力)절약의 발명」이라고 일컬어져 왔습니다. 일단 어떤 습관이 생기면 기력이든 체력이든 적게 들여도 되기 때문입니다. 습관은 깊이 뿌리 내릴수록 무의식적으로 행하게 됩니다. 즉, 습관이 없으면 더욱 주의력을 필요로 하기 때문에 습관이란 인간이 낳은 절약기술이라고도 할 수 있겠습니다.

예를 들면 차가 많이 지나는 길을 건널 때, 멈춰 서서 좌우를 훑어보고 건너는 습관 덕분에 다치지 않을 수 있습니다. 올바른 습관은 잘못이나 재난으로부터 우리를 지켜줄 수 있습니다.

잘 알려진 일입니다만, 자동차 운전을 자신의 몸으로 직접 익혀서 습관화시키지 않으면 차를 안전하게 몰 수가 없습니다. 긴급사태가 일어났을 때 곧바로 대처할 수 있도록 말이지요. 안전이 달려있을 때일수록 무의식적으로 신속하게 대처해야 합니다. 습관이란 위험부담과 피로를 줄이고 정확한 판단력을 키워주기도 합니다.

습관은 깊이 뿌리 내릴수록 무의식적으로 행하게 됩니다. 올바른 습관은 잘못이나 재난으로부터 우리를 지켜줄 수 있습니다.

전력질주하는 말은
다른 경주마를 곁눈질하지 않는다.
다만 자신의 힘을 최대한 발휘하는 일에만
온 신경을 집중시킨다.

헨리 폰다

LESSON 10

집중력으로 비즈니스에서도 성공한다

46 소원을 행동에 옮기지 않는 사람은 그저 단순한 몽상가에 불과하다.

47 스스로를 성공한 사람이라 생각하고 또 그렇게 믿으면 다른 사람들에게서 그렇게 인정받게 된다.

48 자신이 내린 모든 결단에 자신감을 갖고 행동하면 주위 사람들의 신뢰를 얻을 수 있다.

49 목표를 높이 설정해두면, 목표에 조금 덜 미치더라도 많은 것을 달성할 수가 있다.

50 긍정적이고 결연한 자세로 일에 임하는 사람은 사람들로부터 인정을 받는다.

51 당신의 내면에 존재하는 무한한 힘을 믿는다면 책임을 두려워할 필요가 없다.

chapter **46**
소원을 행동에 옮기지 않는 사람은
그저 단순한 몽상가에 불과하다

●

성공한 사업은 우연의 산물이 아닙니다. 처음부터 돈 잘 버는 회사를 만들 수 있다고 단정할 수는 없으며, 보통은 중간에 경영방침이 몇 가지 변경될 필요가 생기기 마련입니다.

다소 방침을 변경할 필요가 생기는가 하면 사업을 확장할 일도 생길 것입니다.

사업을 처음 시작할 때는 운영방침에 대해 대략적인 생각밖에 없는 것이 보통입니다. 세부사항은 사업이 추진됨에 따라 서서히 메워지게 되죠. 바로 이「세부사항」에 집중하는 것이 중요합니다. 하나하나를 해결해 나가다보면 해결해야 할 다른「세부사항」이 나오기 시작합니다. 이렇게 해서 당신은「첫 번째 노력목표」를 달성하여 새로운 기회가 열리게 되는 것입니다.

한 가지 소원을 가지면 다른 소원도 생기게 됩니다. 하지만 처음 소원을 달성하지 못하면 두 번째 소원도 실현할 수가 없습니다.

소원을 행동에 옮기지 않는 사람은 그저 단순한 몽상가에 불과합니다. 강하고 순수하며, 지속성까지 갖춘다면 그 소원은 대단한 창조력으로 거듭날 것입니다. 우리로 하여금 행동을 일으킬 수 있도록 하는 것이 바로 소원이며, 우리는 그 소원을 실현시킴으로써 크고 강해질 수가 있는 것입니다.

처음 사업을 시작했을 때는 나중에 나타나게 될 수많은 문제들의 해결방법조차 몰랐지만, 문제가 생길 때마다 최선을 다해 대처했기 때문에 보다 더 큰일을 해낼 수 있는 힘을 얻게 된 것입니다. 모든 일에 잘 대처할 수 있는 방법을 배움으로써 비즈니스의 달인이 될 수 있습니다.

자기가 하는 비즈니스에 대해 모든 걸 다 숙지한 사람은 그렇지 않은 사람보다 훨씬 쉽게, 그것도 원활하게 회사 일을 척척 처리해나갈 수가 있습니다. 숙련된 경영자는 사장실에 가만히 앉아만 있어도 사내에서 무슨 일이 일어나고 있는지를 정확하게 파악하고 있습니다. 그렇기 때문에 어떤 일이 시간 내에 달성되지 못했더라도 해결책을 강구하는 건 누워서 떡먹기겠지요.

성공한 사업은 대개는 우연의 산물이 아닙니다. 문제가 생길 때마다 최선을 다해 대처했기 때문에 보다 더 큰일을 해낼 수 있는 힘을 얻게 된 것입니다.

chapter 47

스스로를 성공한 사람이라 생각하고
또 그렇게 믿으면
다른 사람들에게서 그렇게 인정받게 된다

●

　비즈니스의 성공은 얼마나 집중해서 노력을 기울일 수 있는가에 달려있습니다. 쏟아 부을 수 있는 정신력은 남김없이 모두 쏟아 붇지 않으면 안 됩니다. 정신력을 사용하면 사용할수록 풍요로워집니다. 다시 말해, 오늘 많은 일들을 해낼수록 내일의 문제를 해결하기 위해 사용할 수 있는 힘이 더욱 커지는 것입니다.
　비록 지금은 누군가에게 고용되고는 있지만, 언젠가는 자신이 직접 비즈니스를 시작해보고 싶다는 생각이 든다면, 일단 무엇을 하고 싶은지부터 신중하게 생각해봐야 합니다. 일단 이 일을 해야겠다고 결심하게 되면 당신은 그것을 향해 끌려가게 될 것입니다.
　스스로를 성공한 사람이라 생각하고 또 그렇게 믿음으로써 다른 사람들에게서 인정받을 수 있는 태도가 몸에 배며, 성공한 사람이 되기 위해 필요한 것들을 당신에게 가져다줄 것입니다. 큰일도 두려워할 필요가 없습니다. 용기를 가지고 맞서서 당신이 목표

달성으로 인도해줄 것이라 생각하는 방법으로 추진하기만 하면 됩니다. 처음부터 대성공을 거두지는 못할지라도 목표를 높이 설정해두면, 목표에 조금 덜 미치더라도 많은 것들을 달성할 수 있습니다.

다른 사람에게 가능했던 일이라면 당신에게도 가능합니다. 아니 다른 사람이 못했던 일이더라도 당신에겐 가능할지도 모릅니다. 꼭 성공해야겠다는 강한 욕구를 항상 마음에 품고 있어야 합니다. 자신의 일과 목표에 애정을 가지고 「최대다수의 최대행복의 원칙」에 최대한 충실하다면, 당신의 인생이 실패할 일은 없을 겁니다. ●

처음부터 대성공을 거두지는 못할지라도 목표를 높이 설정해두면, 목표에 조금 덜 미치더라도 많은 것들을 달성할 수 있습니다.

chapter 48

자신이 내린 모든 결단에
자신감을 갖고 행동하면
주위 사람들의 신뢰를 얻을 수 있다

●

긴 여행을 할 때 가장 중요한 것은 일시적인 분발이 아니라, 끊이지 않는 착실한 노력입니다. 순간적인 분발은 피로감만 초래하고 모든 일을 계속하는데 있어서 지치게 만듭니다.

자신의 생각을 신뢰하십시오. 다른 사람들의 생각과 다를 게 없이 분명 훌륭한 생각일 것입니다. 일단 어떤 결론에 이르면 거기에 따르십시오. 자신의 판단에 의심을 품거나 동요되어서는 안 됩니다. 자신이 내린 모든 결단에 자신감을 가질 수 없다면 의심과 불안감에 사로잡히고, 그 결과 당신의 판단력은 거의 그 가치를 잃어버리게 됩니다.

자신이 옳다고 생각하는 것에 따라 결단을 내리고, 모든 실수로부터 뭔가를 배우는 사람은 최고의 성과로 이어지는 안정된 정신상태를 얻을 수 있습니다. 그리고 주위 사람들의 신뢰를 얻어낼 수 있습니다. 날씨처럼 불안정한 사람이 아니라, 자기가 원하는 것이 무엇인지 정확히 알고 있는 사람이라는 평가를 받게 됩니다.

현대인은 믿음이 가는 사람과 함께 비즈니스를 하고 싶어 합니다. 믿음이 가지 않는 사람은 비즈니스 세계에서 갈수록 소외를 당하고 있습니다. 신뢰할 수 있는 일류기업은 굳은 결의와 판단력, 신뢰성을 갖춘 인물과 함께 일을 하고 싶어 하는 법입니다.

그러므로 자신이 직접 비즈니스를 하고 싶어 하는 사람에게 중요한 것은, 건강한 신체와 같은 유일한 예외를 제외하곤 주위로부터 받는 좋은 평판입니다. ●

> 현대인들은 믿음이 가는 사람과 함께 비즈니스를 하고 싶어 합니다. 신뢰할 수 있는 회사는 굳은 결의와 판단력, 신뢰성을 갖춘 인물과 함께 일을 하고 싶어 하는 법입니다.

chapter **49**

목표를 높이 설정해두면,
목표에 조금 덜 미치더라도
많은 것을 달성할 수가 있다

●

　정신력을 모두 집중시킬 수 있다면 비즈니스에서 성공하는 일은 그다지 어려운 일은 아닙니다. 문제는 바로 자신이 무엇을 하고 싶어 하는지 알지 못하기 때문에 이것저것 손을 대는, 목적 없는 태도입니다. 일 때문에 신경이 쇠한다고 말하는 사람이 있는데, 신경을 쇠하게 만드는 범인은 일이 아니라, 불안정한 상태에서 오는 초조함이나 고민, 불안감입니다. 계획을 수행하는 데는 고생이 따를지도 모르지만, 나중에는 그만한 낙이 기다리고 있습니다. 비정상적인 과로가 아니라면 잃어버린 에너지는 원래부터 있는 회복력이 되찾아주기 마련입니다.
　그 날 하루의 일을 제대로 처리했다면, 그 다음 날엔 더 큰 일을 감당할 수 있는 능력이 갖춰지게 됩니다. 하루하루 시간단위로 해야 할 일들을 계획하는 사람이 좋은 성과를 얻습니다. 하루가 끝날 때마다 목표에 한 발짝 더 다가서 있지 않으면 안 됩니다. 무슨 일이 있어도 전진하고, 매일 뭔가 하나는 진보해야겠다는 마음가짐만 잊지 않으면 앞으로 나아갈 수 있습니다. 길을 꼭 찾아내고 말겠다는 강한 의지만 있다면 정확한 방향 따윈 몰라도 상관없습니다. 단, 한 번 출발한 이상 절대로 되돌아가서는 안 됩니다.

총명한 사람조차 자신의 멘탈파워의 가능성에 대해서는 충분히 파악하지 못하고 있기 때문에 과대평가보다는 과소평가하는 경향이 있습니다. 어떤 목표에 대해, 과거에 그 누구도 이뤄낸 적이 없었다는 이유만 가지고 달성 불가능하다고 생각하지는 마십시오. 매일 매일 누군가가 지금까지 아무도 해낸 적이 없는 그 무엇인가를 달성하고 있습니다. 옛날에는 큰 사업이 궤도에 올라서려면 몇 십 년이나 걸렸지만 지금은 불과 몇 년, 때로는 몇 개월이면 올라섭니다.

계획에 하루 작업량을 꽤 많이 잡아놓고 일한 다음, 그 날 처리할 작업량을 정하지 않고 일했을 경우와 한 번 비교해보십시오. 아마 놀라우리만치 처리량이 늘어나 있을 것입니다. ●

하루 작업량을 많이 잡아놓고 일한 다음, 그 날 처리할 작업량을 정하지 않고 일했을 경우와 한 번 비교해보면, 놀라우리만치 처리량이 늘어나 있을 것입니다.

chapter **50**

긍정적이고 결연한 자세로
일에 임하는 사람은
사람들로부터 인정을 받는다

●

　타고난 리더로 평가받는 사람들은 자신이 선택한 주제와 관련해서, 그때까지 다른 사람들이 품어왔던 아이디어들을 「마음의 유인력의 법칙」으로 자신에게 끌어들입니다. 올바른 방법으로 자신을 단련하고 있다면 다른 사람의 생각으로부터 많은 것을 얻을 수 있으며, 동시에 당신이 자신의 내면으로부터 뭔가 가치 있는 것을 발신하면 다른 사람도 그것을 활용할 수 있습니다. '우리는 모든 시대의 계승자다' 라는 말이 있습니다. 그러나 우리는 이어받는 유산의 올바른 사용법을 알 필요가 있습니다.
　자신감과 정력이 넘치며, 늘 긍정적이고 결연한 자세로 일에 임하는 사람은 만나는 모든 사람들로부터 인정을 받으며, 자신의 기운을 상대에게 불어넣습니다. 그러면 사람들은 '이 사람을 본받으면 틀림없다' 라고 느끼게 될 것입니다.
　열의도 기백도 없이 무슨 일을 해봐야 성공할 가능성이 없습니다. 회사를 키우기 위해서는, 실제로 사업이 궤도에 올라서기 전에 비즈니스가 신장하는 모습을 마음속으로 그려보는 것이 중요합니다. 지금까지 이뤄왔던 그 어떤 위업도 처음에는 그것을 이뤄낸 사람 마음속의 비전에 지나지 않았습니다.

처음에는 회사의 이미지가 흐리기만 했지만, 마음속으로 계속해서 세부사항을 덧붙이면서 마침내 명확한 아이디어로 굳어지게 되고 그 다음 실현이 된 것입니다.

우리가 지금 하고 있는 일은 과거에 누군가에 의해 신중하게 검토되고 계획된 일입니다. 약진이 두드러진 기업은 예외 없이 이 방법으로 운영되고 있습니다. 젊은 비즈니스맨이 아버지가 평생에 걸쳐 이뤄낸 일보다 많은 일들을 몇 년 만에 달성하는 것은 이러한 이유 때문입니다. ●

> 자신감과 정력이 넘치며, 늘 긍정적이고 결연한 자세로 일하는 사람은 자신의 기운을 상대에게 불어넣습니다. 누구나 '이 사람을 본받으면 틀림없다'고 느끼게 될 것입니다.

chapter **51**

당신의 내면에 존재하는
무한한 힘을 믿는다면
책임을 두려워할 필요가 없다

●

  비즈니스의 성공은 우연의 산물이 아니라 과학적인 아이디어와 계획을 과감하게 실행에 옮긴 결과입니다. 당신의 멘탈파워를 활용하며 키워나갑시다. 당신이 하는 일은 모두 마음속에 생각한 일의 결과임으로 당신은 자신의 모든 행동을 통제할 수 있습니다.

  당신에겐 불가능한 일이란 없습니다. 성공은 멘탈파워를 어떻게 활용하느냐에 달려있습니다. 그리고 당신의 멘탈파워는 대단한 가능성으로 가득 차 있습니다. 자신뿐만 아니라 당신과 관련된 사람들의 비전을 넓혀줌으로써 당신 스스로의 인생관도 더욱 넓어질 것입니다.

  사람이 정신적으로 성장하기 위해서는 책임을 피해갈 수 없습니다. 「공급의 법칙」에 눈을 돌려보십시오. 즉, 당신은 전 세계를 자신의 세력권 안에 둘 수 있는 권리를 가지고 있다는 뜻입니다. 과연 당신은 얼마만큼의 범위를 정복해왔나요? 어떤 일들을 이루어왔습니까? 당신은 책임을 두려워하고 있나요? 항상 책임으로부터 회피하며 꽁무니를 빼고 있지는 않습니까? 만약 그렇게 하고 있다면 당신은 참된 사람이라고 할 수 없습니다.

당신의 내면에 존재하는 고결한 당신은 두려움을 모릅니다. 참된 인간으로서 고결한 자신이 가진 힘을 끄집어낸다면, 당신은 온몸에 힘이 넘쳐 어떤 곤란한 과제에도 안심하고 임할 수 있게 될 것입니다.

당신이 업무나 직장 때문에 망신창이가 되어야만 할 이유는 어디에도 없습니다. 만약 지금 그렇게 되고 있다면 뭔가 잘못되고 있는 것입니다. 자신이 하고 있는 일과 조화를 이루지 못하고 있기 때문에 끌어들이지 말아야 할 힘이나 영향을 끌어들이고 있는 것입니다. 성격에도 맞지 않고 훈련도 받지 않은 상태에서 적성에 맞지 않는 업무를 무리해서 하는 것만큼 피곤한 일은 없습니다.

누구든지 자기가 애착을 가질 수 있는 일을 하고, 자신이 공감할 수 있는 활동에 몸담아야만 합니다. 그럴 수 있다면 늘 최고의 일을 하면서 비즈니스를 진심으로 즐길 수가 있을 것입니다. •

당신에겐 불가능한 일이란 없습니다. 비즈니스의 성공은 과학적인 아이디어와 계획을 과감하게 실행에 옮긴 결과입니다. 성공은 멘탈파워를 어떻게 활용하느냐에 달려있습니다.

운명이란
우연의 지배를 받는 것이 아니라
당신의 선택에 달려 있는 것이다.
운명은 기다리고 있어도 오지 않는다.
붙잡아서 이루어내는 것이 운명이다.

윌리엄 브라이언

LESSON

용기 있는 사람, 용기 없는 사람

52 '할 수 있을지도 모르는 일'이 아니라 '충분히 가능한 일'로 여기는 것이 용기이다.

53 용기 없는 사람은 문제가 발생하면 애써 극복하지 못하는 이유를 찾으려고 한다.

54 좌절하는 사람이 많은 것은 자신의 능력에 의심을 품기 때문이다.

55 용기 이외에 장애물을 극복할 수 있는 것은 아무것도 없다.

chapter **52**

'할 수 있을지도 모르는 일'이 아니라 '충분히 가능한 일'로 여기는 것이 용기이다

●

용기 있는 사람은 끈기 있는 사람입니다. 자신이 믿고 있는 바를 말로 하며 그것을 실행에 옮깁니다. 용기 있는 사람은 자신감에 찬 사람입니다. 한편, 용기 없는 사람은 동요, 방황, 망설임, 불안정한 목표 등, 나약한 인간이 가진 성질을 모두 끌어들입니다. 그러므로 용기는 성공하는 데 있어서 빼놓을 수 없는 요소입니다.

용기란 무엇일까요? 용기란 곧 뭔가를 해내고자 하는 의지입니다. 용기를 갖기 위해 필요한 에너지는 겁쟁이가 되기 위한 에너지와 다르지 않습니다. 올바른 방법으로 올바른 훈련을 쌓았느냐 안 쌓았느냐의 차이일 뿐입니다.

당신도 한 번 신중하게 생각해보십시오. 자신의 힘을 사용하면 달성할 수 있을 만한 일을 단순히 '할 수 있을지도 모르는 일'로 보지 말고, '충분히 가능한 일'로 여기면 지금보다 훨씬 더 많은 일들을 달성할 수 있습니다.

왜냐하면 '이것은 불가능하다'고 생각하는 그 순간부터 실패로 이어지게 하는 요소들을 모두 자신에게로 끌어들이는 결과를 초래하기 때문입니다. 용기가 부족하면 스스로에 대한 자신감이 무너지고 맙니다. 성공을 위한 가장 중요한, 단호하고도 박력 있는 태도가 무너지고 마는 것입니다. ●

> 용기란 곧 뭔가를 해내고자 하는 의지입니다. 용기 있는 사람은 자신이 믿고 있는 바를 말로 하며 그것을 실행에 옮깁니다. 그러므로 용기는 성공하는 데 있어서 빼놓을 수 없는 요소입니다.

chapter 53

용기 없는 사람은 문제가 발생하면
애써 극복하지 못하는 이유를 찾으려고 한다

●

　용기가 부족한 사람은 비열함, 무기력, 타락, 파멸과 같은 것들을 초래하는 요소를 무의식 가운데 자신에게로 끌어들이고 있습니다. 그리고 무엇을 갖고 싶다고 간절히 바라지도 않으며, 그것을 차지하기 위해 아무런 노력도 하지 않는 것은 전혀 생각하지 않고 자신의 비운만 한탄하죠.
　용기의 부족은 정신적, 도덕적인 문제뿐만 아니라 금전적인 문제도 유발합니다. 어떤 새로운 문제가 발생하면 용기 없는 사람은 그것을 극복할 수 있는 문제로 보지 않고 애써 해결 못하는 이유를 찾으려고 합니다. 실패하게 될 것은 불을 보듯 뻔하지요.
　용기는 우선 눈앞의 과제에 정신력을 집중할 수 있게 해줍니다. 이어서 성공에 필요한 힘을 모두 끌어들이면서 당신이 집중했던 정신력을 신중하게, 착실히 그리고 바람직한 결과로 향하게끔 유도해나갑니다. 반대로 겁을 먹으면 우리의 정신력이나 도덕심마

저 눌러버리고 실패를 초래하게 됩니다.

용기가 부족한 사람은 새로운 문제에 맞설 때 두려움을 갖는 습관이 있습니다. 우리는 금세 습관이 형성되기 때문에 용기 없는 사람과의 교제는 피하는 것이 현명합니다. 용기 있는 사람은 그 무엇도 무서워할 필요가 없습니다.

조금이라도 불안한 생각이 머릿속에 떠오르면 독사를 뿌리치듯 머릿속에서 쫓아냅시다. 자기자신에게 있어서든 타인에게 있어서든 좋지 않은 생각은 하지 않는 습관을 만들도록 해야 합니다.

어떤 새로운 문제가 발생하면 용기 없는 사람은 애써 해결 못하는 이유를 찾으려고 하고, 용기 있는 사람은 그것을 충분히 극복할 수 있는 일로 생각합니다.

chapter **54**

좌절하는 사람이 많은 것은
자신의 능력에 의심을 품기 때문이다

●

　오래된 문제든 새로운 문제든 그에 맞설 때는 항상 '나에겐 용기가 있다'라고 생각하십시오. 불안한 생각이 머리 속을 스치면 바로바로 뿌리치십시오. 당신 마음의 지배자인 당신 스스로가 모든 생각을 제어한다는 사실을 잊어서는 안 됩니다. 다음과 같은 효과적인 자기암시를 이용해보도록 합시다.
　'저에게는 용기가 있습니다. 왜냐하면 제가 그것을 원하고 필요로 하며, 겁쟁이와 같은 나약한 인간이 되기를 거부하기 때문입니다.'
　용기를 버리는 일은 그 어떤 이유로도 정당화될 수 없습니다. 어디서 재난을 만나더라도 용기만 있으면 현실을 직시해서 그 상황을 극복할 수가 있지만, 용기가 없으면 틀림없이 그 상황에 무릎 꿇고 말 것입니다. 그러니 두려움은 우리가 가장 무서워해야 하는 존재라는 사실을 기억합시다.

다른 사람의 의견에 좌지우지 되어서는 안 됩니다. 당신에게 어떤 능력이 있는지, 당신이 자신의 내적인 힘을 사용해 무엇을 할 수 있는지, 다른 사람은 알지 못합니다. 사실을 말하자면 당신 스스로도 실제로 시도해보기 전까지는 알 수가 없습니다. 그런데 어떻게 다른 사람이 그것을 알 수 있겠습니까? 다른 사람에게 당신의 가치를 매기게 하지 마십시오.

눈부신 업적들은 거의 예외 없이 여기저기서 그런 일은 불가능하다는 말을 듣고 난 후에 이루어지곤 했습니다. 우리가 중요한 법칙만 이해하면 모든 일은 가능해집니다. 애초에 불가능한 일이었다면 우리 머리 속에 떠올랐을 리가 없습니다. ●

두려움이야말로 우리가 물리쳐야 할 최대의 적이라는 사실을 기억합시다. 어디서 재난을 만나더라도 용기만 있으면 현실을 직시해서 그 상황을 극복할 수 있습니다.

chapter 55

용기 이외에
장애물을 극복할 수 있는 것은
아무것도 없다

●

　스스로 옳다고 생각한 것을 누군가의 의견에 의해 생각을 바꾼 순간, 당신은 스스로에 대한 자신감을 잃어버리고 자신의 마음속에 있는 용기와 결심을 버리게 됩니다. 계획에 망설임을 느낀 순간, 당신은 자신이 아니라 타인의 생각을 수행하기 시작합니다. 감독하는 입장이 아니라 감독 받는 입장이 되는 것입니다. 그 결과 자신의 일을 지속적으로 수행해나가는데 있어서 빼놓을 수 없는 힘을 잃게 되는 것입니다

　자신의 계획을 타인이 좌지우지하게 되면 자신이 직접 내려야 할 판단을 내릴 수 없게 됩니다. 타인에 의한 영향으로 자신의 용기와 결심을 내주고, 그 담보로 상대방의 용기와 결심을 받아놓지도 못한 채 보기 좋게 궁지에 빠지게 될 것입니다. 자신의 전 재산을 남에게 맡기면서 어음도 받아놓지 않는 것과 같은 꼴입니다. 자신감을 가지고 임해야 할 때 겁을 먹게 되고, 그것이 실패를 초

래하게 됩니다.

  자신의 능력에 의심을 품어서는 안 됩니다. 당신에게 넘쳐날 정도의 능력이 있다는 것은 실제로 그 힘을 사용해보면 알 수 있습니다. 좌절하는 사람이 많은 것은 자신의 능력에 의심을 품기 때문입니다. 두려움은 에너지를 마비시키고 성공으로 이끌어줄 힘을 멀어지게 합니다.

  자신이 많은 것을 달성할 수 있다는 사실을 진정으로 알고 있는 사람은 그다지 많지 않습니다. 넘쳐날 정도의 힘을 손에 넣기를 바라는 사람은 많아도 자신에게 훌륭한 가능성이 있다는 사실을 깨달은 사람은 슬프게도 아주 극소수인 것입니다.

  장애물을 극복할 수 있는 것은 용기 이외에 아무 것도 없습니다. 강한 용기를 지니면 장애물이 될 만한 유해한 힘들은 저절로 사라집니다. 군대에서든 회사에서든 용기 있는 한 사람이 그 기백으로 많은 이들의 마음에 불을 당기기 마련입니다. 용기 역시 겁쟁이와 마찬가지로 전염되는 것이기 때문입니다. ●

> 넘쳐날 정도의 힘을 손에 넣기를 바라는 사람은 많아도 자신에게 훌륭한 가능성이 있다는 사실을 깨달은 사람은 극소수입니다. 강한 용기를 지니면 장애물은 저절로 사라집니다.

사람들이 갖고 있는 가장 일반적인 착오는
지금은 결정할 때가 아니라고 생각하는 것이다.
그날 그날이 평생을 통해서
가장 좋은 날이라는 것을
마음속 깊이 새겨두어야 한다.

에머슨

LESSON 12

부(富)를 부르는 힘

56 올바른 조건하에 손에 넣은 부(富)는 인생을 풍요롭게 해준다.

57 사람들은 스스로 직접 실패를 경험하고, 실패의 경험을 활용하여 성공한다.

58 부를 생각하면 부를 끌어들이게 된다.

59 부를 손에 넣기 위해선 자신의 주변을 좋은 영향을 끼치는 환경들로 가꿔나가야 한다.

chapter **56**

올바른 조건하에 손에 넣은 부(富)는
인생을 풍요롭게 해준다

●

　모든 것에는 그 나름대로의 가치가 있기 마련입니다. 모든 것에는 좋은 사용법과 나쁜 사용법이 존재합니다.
　부를 얻기 위한 첫 단계는 자신을 좋은 방향으로 감화시켜줄 만한 환경을 만드는 것입니다. 즉, 자신이 단련 받을 수 있는 환경을 스스로 찾아내어, 그 환경의 영향을 받으며 자신을 형성해나가는 것입니다.
　부는 통상 목표달성의 성과물입니다. 그렇다고는 해도 근면성실이 꼭 부라는 결과를 가져다준다고 단정할 수는 없습니다. 열심히 일하는데도 도통 부유해지지 않는 사람이 헤아릴 수 없이 많습니다. 그런가 하면 그보다 훨씬 적은 노동으로 부를 손에 넣는 사람도 있습니다.
　자신의 가능성을 믿는 것이 부유해지기 위한 다음 단계입니다. 전력을 다해 성실하게 일을 해도 자신의 정신력을 활용하지 못하면 언제까지나 일개 노동자로 살 수밖에 없습니다. 그리고 자신의 정신력을 효과적으로 활용할 수 있는 사람의 관리하에서 일하게 되겠지요.

수입을 모두 저축만 해서는 그 누구도 부유해질 수 없습니다. 많은 사람들이 절약이나 검소한 생활만으로 부를 얻으려고 하지만 오히려 그런 일은 활력과 에너지의 낭비라 할 수 있습니다.

내가 아는 사람 중에 걸어서 통근했던 남성 분이 있습니다. 통근 시간은 출근할 때 1시간, 퇴근할 때 1시간입니다. 차를 타면 왕복 대략 20분 정도 걸렸겠지요. 그는 하루 10센트를 절약하기 위해 약 1시간 반을 쓸데없이 허비하고 있었던 것입니다. 걷는 데 소모된 시간들은 건강면에서 많은 혜택을 누린 것만 제외한다면 그다지 쏠쏠한 투자였다고는 할 수 없을 것입니다.

이와 똑같은 시간을 바람직하지 않은 작업환경을 개선하기 위한 노력에 집중했다면, 부자가 되는 길에 금세 발을 들여놓을 수 있었을지 모릅니다. ●

부를 얻기 위한 첫 단계는 자신을 좋은 방향으로 감화시켜줄 만한 환경을 만드는 것이고, 두 번째 단계는 자신의 가능성을 믿는 것이다.

chapter **57**

사람들은 스스로 직접 실패를 경험하고, 실패의 경험을 활용하여 성공한다

●

현대인들의 대부분이 저지르고 있는 큰 잘못은 자기 안에 있는 최선을 끄집어내서 키우는 노력을 게을리하고 있는 사람들과 사귄다는 것입니다. 사람들과의 교제에만 신경을 쓰거나(그런 사람들이 꽤 많긴 합니다만), 휴양이나 오락이 생활의 큰 원동력이 돼 버리거나 하면, 절약은커녕 낭비하는 습관이 몸에 배게 됩니다. 바로 육체적, 정신적, 도덕적, 더 나아가 영적인 면에서 힘을 유지하지 않고 낭비하는 습관을 말합니다.

당연한 결과로서 이러한 사람들에게는 올바른 원동력이 결여되고, 신이 부여해준 힘은 계발되지 않은 채 보다 의의 있는 인간관계를 분별할 수 있는 수준의 판단력도 사라지게 됩니다. 금전문제에 있어서는 늘 다른 사람에게 의존하고 있는 기생충이라고 해도 되겠지요. 그리고 수입은 적은데도 기회만 생기면 낭비에 힘쓰곤 합니다.

그와 같은 사람들이 뼈아픈 경험을 통해 뭔가를 배우지 않는 이상 인생을 움직이고 있는 힘이나 법칙을 이해하지 못한다는 것은 인생의 비극입니다. 타인의 실패로부터 뭔가를 배울 수 있는 사람은 많지 않습니다. 대부분의 사람들은 스스로 직접 실패를 경험하고, 인생을 다시 시작하는 과정에서 지식을 축적해나가면서 그것을 활용해야만 합니다.

어떤 분야에서든 잘나가는 인물로 평가받는 사람들은 자잘한 일들로 시간을 언제까지나 질질 끌지 않습니다. 반드시 따로 숙고하는 시간을 갖고 있습니다. 어제와 같은 방식으로 일을 하지 않고 신중하게 집중하며 노력을 쌓아 항상 업무방식 개선에 힘쓰고 있습니다. ●

타인의 실패로부터 배울 수 있는 사람은 많지 않습니다. 대부분의 사람들은 스스로 직접 실패를 경험하고, 인생을 다시 시작하는 과정에서 성장합니다.

chapter 58
부를 생각하면 부를 끌어들이게 된다

●

　얼마전, 테마가 「성공」인 강연을 듣고 왔습니다. 강사를 맡은 남성 분이 10년 전부터 무일푼이나 다를 바 없다는 사실을 알고 있었던 터라 어떤 얘기를 할지 흥미가 일었습니다. 아주 재미있는 얘기였지요. 그의 강연이 도움이 되었던 사람들도 틀림없이 있었을 겁니다. 하지만 정작 그 자신은 자신이 배운 교훈을 살리지 못하고 있었습니다.

　나는 그에게 내 소개를 하고 나서 당신은 자신이 말했던 내용을 믿고 계십니까, 라고 물어보았습니다. 믿습니다, 라고 그는 대답했지요. 그래서 그 덕분에 부유해질 수 있었나요, 라고 물어보자 그렇지도 않습니다, 라고 말했습니다. 그 이유를 물어보니 '저는 부유해질 수 없는 운명인가 봅니다' 라고 말하는 것입니다.

　그로부터 약 30분 가량 나는 왜 그가 가난에서 벗어날 수 없는지를 설명했습니다. 그는 초라한 복장을 하고, 초라한 회장에서 강연을 하고 있었습니다. 자신의 행동과 신조가 가난을 끌어들이고 있었던 것입니다. 자기가 생각하는 일이나 자신을 둘러싼 환경들이 자신에게 불리한 영향을 미치고 있다는 사실을 그는 눈치 채지 못하고 있었습니다.

생각은 만물을 움직이는 위대한 힘입니다. 부를 생각하면 부를 끌어들이게 됩니다. 부유해져야겠다고 결심하면, 당신의 마음에 그 힘이 전달되고, 동시에 당신의 외부 상황을 모두 자신을 위해 활용할 수 있게 됩니다.

돈만 있으면 그걸 밑천 삼아 돈을 불리는 일은 쉽다고 생각하는 사람들이 많이 있습니다. 하지만 꼭 그렇다고만은 할 수 없습니다. 돈이 있어도 그것을 투자할 기회를 찾아 활용할 수 있는 훈련을 하지 않는 한 재산을 늘려나가는 일은 불가능한 일입니다.

재산상속으로 손에 들어온 돈은 잃어버릴 확률이 높습니다. 그러나 자신이 직접 재산을 쌓은 것이라면 그 가치를 알고 있을 뿐만 아니라, 그것을 활용할 수 있는 능력은 물론, 설령 그것을 잃어버렸다 해도 다시 그 이상의 돈을 모을 수 있는 힘까지 분명히 쌓아왔을 것입니다. ●

생각은 만물을 움직이는 위대한 힘입니다. 부를 생각하면 부를 끌어들이게 됩니다. 그러니 부를 바란다면 부를 가져다줄 힘을 자신에게 끌어들여야 합니다.

chapter **59**

부를 손에 넣기 위해선 자신의 주변을
좋은 영향을 끼치는 환경들로
가꿔나가야 한다

●

  비즈니스의 성공은 앞을 내다볼 수 있는 힘, 적절한 판단, 근성, 굳은 결의와 흔들림 없는 목표에 달려있습니다. 하지만 「생각」이 전기와 같이 현실적인 힘이라는 사실을 잊지 마십시오. 자신이 외부에서 받는 생각과 마찬가지로 자신의 생각을 다시 외부로 보내줘야 합니다. 다른 사람을 풍요롭게 하지 않는 이상 당신 자신도 풍요로워질 수 없기 때문입니다. 무엇이든 공짜로 다른 사람에게서 얻어내려고만 한다면 이기적인 인간이 되어 손에 넣은 것조차 기뻐하지 못하게 될 겁니다.

  부를 손에 넣기 위해서는 선량한 생각, 양호한 건강상태, 쾌적한 가정과 비즈니스 환경, 성공한 직장동료 등 합법적인 수단을 모두 활용해서 유력자들의 인맥을 개척하십시오. 그리고 비즈니스에 관한 당신의 생각을 그들의 생각과 조화를 이루게 합시다. 그렇게 되면 바람직한 교우관계를 맺을 수 있게 될 뿐만 아니라, 당신과 교제를 나누고 싶다는 사람들이 계속해서 나타나게 될 것입니다. 만약 당신이 올바른 방법으로 기회를 포착하여 활용하고 있다면, 우수한 교우관계를 통해 인생에서 자신의 자리매김을 확실히 하게 될 것입니다.

모든 사람의 뇌에는 어떠한 에너지가 숨겨져 있으며, 그 에너지를 활용할 수만 있으면 지루한 생활에서 벗어나 성공이라는 산의 저 먼 꼭대기까지 올라갈 수가 있습니다. 불꽃이 연료를 폭발시켰을 때 비로소 차를 움직일 수 있게 됩니다. 사람의 마음도 같은 원리입니다. 이런 경우의 「사람」이란 특별한 재능을 소유한 사람이 아니라, 평균적인 능력을 가진 일반인을 말하는 것입니다.

그들의 뇌 어딘가에는 「불가능」이라는 말을 뛰어넘어, 그 너머에 널리 펼쳐진 성공의 나라로 발을 들여놓을 수 있는 능력이 잠재되어 있습니다. 그리고 희망과 자신감, 뭔가를 이뤄내겠다고 하는 결의가 불꽃을 튀기며 그들의 에너지를 움직이는 것입니다.●

사람의 뇌에 숨어 있는 에너지를 활용할 수만 있으면 누구든 성공할 수 있습니다. 불꽃이 연료를 폭발시켰을 때 비로소 자동차를 움직일 수 있게 되는 것과 마찬가지입니다.

나는 죽을 때까지 철저하게
나 자신을 모두 사용하겠다.
내가 열심히 일하면 일할수록
나는 더 오래 살 것이기 때문이다.

조지 버나드 쇼

LESSON 13

성공할 수 있는지 없는지는 당신에게 달려있다

60 성공을 위한 필수조건은 「에너지」와 「성공하겠다는 의지」이다.

61 시작하기 전엔 어렵게 보이던 일도 막상 해보면 의외로 쉽게 되는 법이다.

62 기회가 언제 찾아와도 바로 도움이 될 만한 자질과 인간성을 키워나가야 한다.

chapter 60

성공을 위한 필수조건은
「에너지」와 「성공하겠다는 의지」이다

●

  어떤 일을 할 수 있는 능력이 있다는 것과 그것을 실제로 하는 것과는 별개의 문제입니다. 사용되고 있는 능력보다도 사용되지 않고 있는 능력이 훨씬 더 많습니다.

  성공한 사람들의 수에 비해 성공을 바라보는 사람들의 수가 훨씬 더 많습니다. 왜 더 많은 사람들이 성공하지 못하는 걸까요. 여러 가지 경우를 생각해볼 수가 있겠지만, 대개는 그들 자신에게 책임이 있습니다. 기회는 분명 있었을 것입니다. 성공한 사람들이 손에 넣은 기회보다 더 큰 기회였을지도 모릅니다.

  자신을 충분히 관찰하십시오. 자신이 성공하지 못하는 이유는 무엇인지, 실패의 원인이 무엇인지를 밝혀내십시오. 어떨 때는 아주 사소한 원인으로 사업이 빛을 발하지 못하고 실패하는 경우도 있습니다. 혹시 누군가가 앞에서 이끌어주길 바라고 있었다거나, 길을 열어주길 기대해왔다면 생각을 바꿔 새로운 사고방식으로 집중하시기 바랍니다.

성공을 위해 필수 불가결한 것이 두 가지가 있습니다. 그것은 바로 「에너지」와 「성공하겠다는 의지」입니다. 이 두 가지를 대신할 수 있는 것은 어디에도 없습니다. 대부분의 사람들에겐 성공을 향한 길이란 평탄하지 않을 것입니다. 역경은 우리의 용기와 도덕심을 길러줍니다. 나태하고 한심한 생활을 보내고 있는 사람들은 용기도 도덕심도 없습니다. 자신이 처한 상황을 똑바로 직시한 적이 없기 때문에 의욕이 생겨도 방법을 모릅니다.

상황이 호전되기를 그저 기다리기만 할 것이 아니라 자신의 손으로 직접 바람직한 상황으로 만들어나갑시다. 성공하는 사람은 '그건 정말 못하겠다' 고 하는 사람이 아니라, 반대의견에도 아랑곳하지 않고 일을 추진해나가 '그건 할 수 있다' 라는 것을 보여주는 사람입니다. '하늘은 스스로 돕는 자를 돕는다' 라는 속담은 진리를 말하고 있습니다. 우리는 장애물을 극복함으로써 성공으로의 길을 걸어갑니다. '나는 할 수 있다. 나에겐 할 의욕이 있다' 라고 말하는 사람에겐 장애물은 성공을 위한 발판일 뿐입니다. ●

상황이 호전되기를 그저 기다리기만 할 것이 아니라 직접 바람직한 상황으로 만들어나갑시다. 성공하는 사람은 반대의견에도 아랑곳하지 않고 일을 추진해 나가는 사람입니다.

chapter **61**

시작하기 전엔 어렵게 보이던 일도
막상 해보면 의외로 쉬울 수 있다

•

　대부분의 사람들은 성공에 대한 확신이 들지 않으면 실행에 옮기려고 하질 않습니다. 대다수 사람들의 문제는 장해물에 의해 길이 막혀있는 걸 보면, 그 순간 용기를 잃어버린다는 것입니다. 뭔가 해결할 수 있는 방법이 분명 있을 것이라는 사실조차 까맣게 잊어버리는 것입니다.

　해결법을 찾을 수 있을지 없을지는 당신에게 달려있습니다. 큰 노력이 필요한 상황에서 대충대충 해봐야 물론 승산은 없습니다. 자기 안에 있는 모든 힘을 쏟아, 무슨 일이 있어도 꼭 성공하고 말겠다는 열의를 가지고 모든 일에 임합시다. 그것이 성공을 이끄는 집중력의 활용법입니다.

　대부분의 사람들은 출발하기도 전에 좌절합니다. 가다가 분명히 벽에 부딪칠 것이라는 생각부터 하고 이것저것 장애가 될 요소들을 따져보기만 할 뿐, 정작 그것들을 극복할 수 있는 방법을 모색할 생각은 하지 않습니다. 그 결과 장애물들을 줄이기는커녕 오히려 늘려버리고 맙니다. 분명히 힘들 거라고 생각을 하면서 시작했던 일이, 하고 보니 의외로 쉬웠던 적은 없었나요? 아마 이런 일이 자주 있었을 것입니다.

　성공의 비결은 무슨 일이든 한 번 결심한 일은 끝까지 실행하는 것입니다. 가던 길을 돌아오지 말고 하겠다고 마음먹은 일을 끝까지 밀고 나갑시다. 몇 번 좌절했다고 해서 두려워할 필요는 없습니다. 강한 의지력을 가진 사람, 즉 압도적인 결의와 전신전력을 기울여 집중한 노력만이 성공을 가져다준다고 믿는 사람은, 웬만한 좌절로는 포기하지 않는 법입니다. ●

> 분명히 힘들 거라고 생각을 하면서 시작했던 일이, 하고 보니 의외로 쉬웠던 적은 없었나요? 성공의 큰 비결은 무슨 일이든 한 번 결심한 일은 끝까지 실행하는 것입니다.

chapter **62**

기회가 언제 찾아와도
바로 도움이 될 만한 자질과 인간성을
키워나가야 한다

●

괴테는 '결연한 의지의 소유자는 자신에게 맞춰 세상을 만든다'고 했고, 빅토르 위고는 '사람은 강한 힘이 부족한 것이 아니라 의지가 부족할 뿐이다' 라고 했습니다.

승리를 손에 넣기 위해 필요한 것은 기술보다도 행동력과 강한 결의입니다. 전력을 다하는 사람에겐 실패란 없습니다. 지금 현재 당신이 하고 있는 일이 무슨 일이든 용기를 버려선 안 됩니다. 세상의 흐름은 시시각각 변하고 있습니다. 당신이 강한 의지와 큰 소망을 품고 계속 나아간다면, 언젠가는 당신에게 유리한 흐름으로 바뀔 것입니다.

현재 당신이 있는 자리를 영구적인 자리라고 생각하지 마십시오. 늘 눈을 부릅뜨고, 언제든 기회가 찾아왔을 때 바로 도움이 될 만한 자질과 인간성을 키워나가야 합니다. 기회가 언제 찾아와도 되게끔 항상 촉각을 곤두세우고 계십시오. 사람은 자신이 마음속에 그린 것을 끌어들이는 힘이 있다는 걸 잊으면 안 됩니다. 우리가 직접 기회를 찾아나선다면 분명히 찾아낼 수 있습니다.

당신이 본래 갖추었어야 할 모습을 갖추게 되었다면 책임이 따르는 자리를 맡기려고 누군가가 당신을 찾을 겁니다. 그 사람의 눈에 띄었을 때는 당신의 주의력을 분산시키지 말고 모두 그 사람을 향하도록 하십시오. 당신이 자신의 힘을 집중시킬 수 있는 사람이라는 것, 참된 인간으로서의 자질을 갖춘 사람이라는 것을 보여주는 것입니다. 불안감, 이것도 저것도 아닌 기분, 망설임을 보이는 건 금물입니다. 자신감과 확신을 가지고 행동하는 사람은 언젠간 반드시 일선으로 나가게 되어 있습니다. 어떤 환경이나 조건도 그것을 막을 순 없습니다.

> 승리를 손에 넣기 위해 필요한 것은 기술보다도 행동력과 강한 결의입니다. 전력을 다하는 사람에겐 실패란 없습니다.

lesson 13 _ 성공할 수 있는지 없는지는 당신에게 달려있다

꿈을 갖는 일이 얼마나 아름다운 것인지
그것을 믿고 있는 사람에게는 미래가 있다.

엘리너 루스벨트

LESSON 14

집중력을 기르는 트레이닝

63 사람은 항상 자신이 그리는 이미지를 따라 행동하고 있다.

64 생각을 분산시키지 않고 한 점에 집중시키면 그 생각이 「힘」을 받는다.

65 무언가를 이루고 싶을 때는 망설임이나 두려움 없이 이미 실현됐다고 생각한다.

66 집중력을 기르기 위한 트레이닝의 실제 19가지

chapter 63

사람은 항상 자신이 그리는 이미지를 따라 행동하고 있다

●

　사람은 항상 자신이 그리는 이미지를 따라 행동하고 있다는 사실을 알고 계십니까? 자기자신에 대해 부정적인 이미지를 머릿속에 그리다보면 당신은 무의식 중에 부정적인 성질이 몸에 배게 됩니다. 빈곤, 나약함, 질병, 공포 등에 대한 생각만을 하다보면 현실세계에서도 그와 같은 요소들이 나타나기 시작합니다. 우리가 생각하는 것들이 외부의 세계에도 그 모습을 나타내는 것입니다.
　강하게 집중을 하면 당신은 우주의 위대한 창조력과 이어지게 됩니다. 곧이어 창조적 에너지가 당신 안에 흘러들고 당신이 마음속에서 창조한 것들에게 생명을 불어넣어 모양을 갖춰 나갈 것입니다.
　어떤 한 가지 일을 선택해서 얼마 동안 그 일에 대한 생각을 계속할 수 있는지 한 번 시험해보십시오. 처음 시작할 때는 시계를 곁에 두고 시간을 재는 것이 좋을 것입니다.

예를 들어 '건강은 이 세상의 최고의 보물이다'라고 생각해보십시오. 그 이외의 생각은 머릿속에 들어오지 못하도록 떠오르는 즉시 밀어내세요.

이런 생각에 집중하기를 하루에 10분 정도만 해도 충분합니다. 습관화하시기 바랍니다. 다른 일에 대해선 머릿속에서 완벽하게 차단할 수 있도록 훈련해야 합니다. 현재상황과는 상관없이 당신은 '자신이 이렇게 되기를 바라는 인간'의 모습을 갖춰가고 있다고 생각해야 되며 그 이외의 생각에는 눈을 감도록 합시다.

멘탈 이미지(Mental Image)를 그리는 습관이 매우 큰 도움이 된다는 사실을 확실하게 각인해두십시오.

지병이 있는 사람이라면 처음에는 병이 있다는 사실을 잊으려고 해도 쉽지는 않겠지만, 곧 그러한 부정적인 생각들을 차단하여 원하던 모습으로 변해가는 자기자신을 머릿속에 그릴 수 있게 될 것입니다. 이렇게 집중할 때마다 건강에 대한 완벽한 이미지가 모양을 갖추고, 곧 그것이 현실이 되어 당신은 건강한 사람이 될 수 있습니다. ●

사람은 항상 자신이 그리는 이미지를 따라 행동하고 있다는 사실을 알고 계십니까? 매일 10분만 '집중하는 일'을 습관화하십시오. 이렇게 집중하면 그것이 곧 현실이 됩니다.

chapter **64**

생각을 분산시키지 않고
한 점에 집중시키면
그 생각이 「힘」을 받는다

●

 렌즈를 이용해 태양광선을 한 점에 집중시키면 같은 광선을 분산했을 때보다도 몇 배의 열이 발생하게 됩니다. 주의력에 대해서도 이와 같은 말을 할 수 있습니다. 다른 것들은 배제하고 한 가지 일에 주의를 집중시키다 보면 의식적인 행위든 무의식적인 행위든 그것을 달성하고자 하는 방향으로 움직이기 시작합니다.

 생각을 한 점에 집중시키면 그 생각이 「힘」을 받습니다. 지금부터 소개하는 트레이닝은 단조롭고 지루할지는 모르겠습니다만 효과는 확실합니다. 집중력의 힘을 강화시켜주기 때문에 끈기 있게 지속하다 보면 그 가치를 곧 알게 되실 겁니다.

 저녁에는 그 날 업무로 지칠 대로 지친 세포들을 사용하지 않도록 완전히 다른 일을 생각하는 습관을 익히도록 합시다.

 생각하는 내용에 따라 사용되는 뇌세포가 다르다는 사실은 잘 알려져 있습니다. 어느 특정세포가 활동하고 있을 때는 당연히 그 이외의 세포들은 느긋하게 휴식을 취하고 있는 것입니다. 오늘 하루 종일 하고 있었던 일과 전혀 다른 일을 하기 시작하면, 그때까지 휴식을 취하고 있었던 세포들을 사용하게 되고, 그 동안 활동했던 세포들은 휴식을 취하게 됩니다.

자신이 생각을 지배할 수 있게 되면 마치 옷을 갈아입는 것처럼 쉽게 생각을 바꿀 수 있게 됩니다. 육체의 통제는 두뇌의 직접적인 지배 하에, 두뇌의 통제는 의지의 직접적인 지배 하에 두지 않으면 안 됩니다. 당신의 의지는 당신이 원하는 것을 모두 실행할 수 있는 힘을 지니고 있지만 당신이 그 사실을 모르고 있다면 아무런 의미가 없습니다.

의지력의 영향을 직접적으로 받음으로써 당신의 두뇌는 비약적으로 그 힘을 늘릴 수가 있습니다. 의지의 자극을 받아 강화된 두뇌는 그 힘이 늘고, 사고의 발신기로서의 기능이 갈수록 향상됩니다. ●

> 자신의 생각을 지배할 수 있게 되면 마치 옷을 갈아입는 것처럼 쉽게 생각을 바꿀 수 있게 됩니다. 당신의 의지는 당신이 원하는 것을 모두 실행할 수 있는 힘을 지니고 있습니다.

chapter 65

무언가를 이루고 싶을 때는
망설임이나 두려움 없이
이미 실현됐다고 생각한다

●

집중하는데 가장 적절한 시기는?

그것은 뭔가 마음에 자극이 될만한 것을 읽은 직후입니다.

바로 당신의 마음도 영혼도 바람직한 상태로 승화되어 깊은 집중이 가능한 상태가 되고 있을 때입니다. 지금 자기 방에 있다면 창문이 열려 있고 공기가 맑은지부터 우선 확인합시다. 침대 위에 베개 없이 똑바로 눕습니다. 모든 근육을 이완시킵시다. 그리고 천천히 숨을 들이쉬어 폐 안을 신선한 공기들로 채워주십시오. 괴롭지 않을 정도로 최대한 길게 숨을 들이쉬고 그 다음에 천천히 숨을 내뱉습니다. 힘을 빼고 리드미컬하게 숨을 내뱉으십시오. 이 호흡법을 5분간 지속하여 「신의 호흡」이 온몸을 거치며 당신의 뇌와 신체의 모든 세포들이 정화되고 회복되는 것을 느껴보십시오.

여기서부터 다음 단계로 넘어갑니다. '나는 더할 나위 없이 마음이 평온하고 이완된 상태다'라고 생각하십시오. 그러면 자신의 상태가 매우 기분 좋게 느껴집니다. 지금의 자신에겐 지금까지 받아본 적이 없는 멋진 경험을 받아들일 자세가 되어있다고 생각하십시오. 이어서 편안한 상태에서 그 미지의 힘이 온몸을 순환하는 것을 느끼며 당신이 소원을 이루는 일에 도움을 받을 수 있도록 합시다.

망설임이나 두려움이 조금이라도 마음속에 비집고 들어오면 안 됩니다. 자신이 바라는 일은 반드시 실현된다고 확신하십시오. 이미 실현됐다고 생각합시다. 실제로 그건 이미 실현된 거나 다름없습니다. 왜냐하면 뭔가를 이루고 싶다고 바라는 순간 생각의 세계에서 그것은 이미 실현된 것이니까요.

무언가에 집중할 때는 반드시 그 일은 성공한다고 믿읍시다. 어떤 일에도 방해받지 않고 그 기분을 계속 유지하다보면, 곧 자신이 집중력의 주인이 되었다는 것을 알게 될 겁니다. 이 훈련이 매우 큰 도움이 될 것이며, 하는 모든 일마다 달성시킬 수 있는 요령이 급속히 몸에 배는 것을 실감할 수 있으실 겁니다. ●

> 자신이 바라는 일은 반드시 실현된다고 확신하십시오. 실제로 그건 이미 실현된 거나 다름없습니다. 뭔가를 이루고 싶다고 바라는 순간 생각의 세계에서 그것은 이미 실현된 것이니까요.

chapter **66**

집중력을 기르기 위한
트레이닝의 실제 19가지

●
트레이닝1 _ 앉는 일에 집중하기

우선 필요한 것은 두뇌가 내리는 지시를 따를 수 있도록 몸을 단련시키는 것입니다. 이를 위해 근육의 움직임을 컨트롤하는 연습부터 시작합시다. 지금부터 소개해드리는 것은 근육을 완벽하게 통제하는데 있어서 특히 효과가 있는 트레이닝입니다.

편안한 의자에 걸쳐서 가능한 한 몸을 움직이지 않도록 합니다. 쉬워 보이면서 의외로 어렵습니다. 가만히 앉아 있는 일에 주의를 집중시켜야만 합니다. 무의식적으로 근육을 움직이고 있지는 않은지 주의하십시오. 조금만 훈련하다보면 근육을 조금도 움직이지 않고 15분간 앉아 있을 수 있게 될 것입니다.

처음엔 긴장이 이완된 자세로 5분간 앉아 있기를 추천합니다. 완벽하게 가만히 앉아있을 수 있게 되면 시간을 10분으로 늘리고,

그 다음에 15분으로 늘리도록 합니다. 그 이상 길게 할 필요는 없습니다. 하지만 괴로운 상태를 참으면서 앉아있는 것이 아니라, 완전히 이완된 상태가 아니면 안 됩니다. 이런 형식으로 이완하는 습관이 매우 기분을 평안하게 해준다는 것을 알게 될 겁니다.

트레이닝2 _ 자기 팔에 집중하기

의자에 앉아 머리를 들고 턱을 밀어내며 어깨를 뒤로 제칩니다. 오른 팔을 옆으로 올려 어깨와 같은 높이로까지 서서히 들어올립시다. 얼굴은 오른 쪽을 향하고 들어올린 손의 손가락에 시선을 고정하여 그대로 오른팔을 1분간 완전히 정지시킵니다. 같은 일을 이번엔 왼팔로 반복해주십시오.

팔을 완전히 정지시킬 수 있게 되면, 좌우 각각의 팔로 5분간 할 수 있을 때까지 서서히 시간을 늘려나갑니다. 팔을 완전히 뻗었으면 손바닥은 아래를 향하도록 합니다. 이것이 가장 편안한 자세입니다. 손가락 끝을 응시하다보면 팔이 정지하고 있는지 없는지 판단하기 쉬울 겁니다.

트레이닝3 _ 팔이 정지하고 있는지 없는지

물을 가득 채운 약간 작은 컵을 손가락으로 잡고 팔을 곧게 앞으로 뻗습니다. 이어서 눈을 컵 쪽으로 향해 팔이 정지하고 있는지 아닌지 체크하십시오. 처음에는 아주 한순간, 그리고 서서히 시간을 늘려나가 5분간의 정지상태를 최종목표로 합니다. 좌우 양팔을 교대로 실행하십시오.

트레이닝4 _ 평온한 정신상태인지 아닌지

업무 중의 자신을 관찰해보십시오. 혹시 근육이 당기거나 긴장하고 있지는 않습니까? 이완된 편안한 상태로 있을 수 있는지, 늘 평온한 상태를 유지시킬 수 있는지를 체크합시다. 바짝 긴장된 모습을 보이지 말고 평온한 태도를 취할 수 있도록 유의하셔야 합니다. 이러한 평온한 정신상태는 행동이나 표정에도 나타납니다. 의미 없는 시늉이나 몸짓은 모두 그만 둡시다. 당신이 자신의 몸을 제대로 제어하지 못하고 있다는 증거입니다.

자신을 제어할 수 있게 됐다면, 이번엔 스스로를 제어하지 못하고 있는 차분하지 못한 사람들을 관찰해봅시다. 방금 전까지 한 세일즈맨이 나를 찾아왔는데, 그는 신체 어딘가를 항상 움직이고 있었습니다. 저는 저도 모르게 이렇게 말할 뻔했습니다.

'그렇게 온몸을 이용해서 표현하지 않아도 되는데요, 하고 싶은 말은 말로 직접 전하시는 게 더 보기 좋을 것 같네요.'

당신도 말하는 상대를 보면서 안절부절못하고 차분하지 못한 모습을 관찰해보십시오.

몸 어딘가를 잡아당긴다거나 꼬집거나 하는 습관들은 모두 그만 두세요. 사람은 정말 놀라우리만치 많은 무의식적인 행동들을 취하고 있습니다. 그런 버릇들은 '나는 그런 동작은 안 하겠다' 라는 생각에 주의를 집중시킴으로써 바로 그만 둘 수 있습니다.

지금까지의 트레이닝 목적은 무의식적인 근육의 움직임을 통제하고, 신체 움직임을 완전히 의식적인 것으로 전환하는 것이었습니다. 앞으로의 트레이닝은 수의근(隨意筋)을 의지의 통제 하에 두고, 정신력이 근육의 움직임을 제어할 수 있게 만드는 것에 목적이 있습니다.

트레이닝5 _ 주의력 단련하기

의자를 테이블 앞에 옮기고 앉읍시다. 양손을 쥐고 손등을 밑으로 해서 테이블 위에 놓습니다. 엄지손가락은 주먹 밖으로 나오도록 하십시오. 우선 잠시 동안 주먹을 바라보고 난 다음 천천히 엄지손가락을 열어갑니다. 바로 이때, 마치 자기가 하고 있는 일에 중대한 의미가 있기라도 하듯 모든 주의력을 집중해야 합니다.

이어서 검지손가락을 천천히 뻗고 그 다음에 중지, 이런 식으로 새끼손가락까지 계속 뻗어나갑니다. 이번에는 순서를 거꾸로 해서 새끼손가락 순으로 구부리고, 마지막엔 다시 엄지손가락이 주먹 밖으로 나온 상태로 돌아갑니다. 왼쪽 주먹에서 시작해 좌우 각각 다섯 번씩 시행하십시오. 며칠 정도 지나면 그 횟수를 열 번까지 늘릴 수 있을 겁니다.

처음 할 때는 지루하다고 느끼시겠지만 이런 단조로운 트레이닝으로 주의력을 단련시키는 것은 매우 중요한 일입니다. 또, 근육의 움직임도 통제할 수 있게 되죠. 이건 말할 것도 없지만, 주의력은 손의 움직임에 제대로 고정되어 있지 않으면 안 됩니다. 그렇지 않으면 이 트레이닝의 가치가 사라져버리니까요.

트레이닝6 _ 몸과 마음의 컨트롤

오른손으로 주먹을 쥐고 검지손가락만을 앞으로 뻗은 형태로 무릎 위에 올려놓습니다. 이어서 손가락 끝에 주의를 집중시킨 상태에서 검지손가락을 천천히 좌우로 움직입니다. 이와 비슷한 트레이닝을 자신이 직접 생각해보세요. 다양한 트레이닝을 생각해보는 것도 좋은 훈련이 됩니다.

그때 잊어서는 안 되는 것이 단순한 트레이닝이어야 된다는 것과 움직이고 있는 부분에 주의를 집중시켜야 된다는 것입니다. 주의력은 툭하면 통제 하에서 벗어나려고 하며, 더 재미있는 일은 없는지 찾기 시작할 것입니다. 그럴 때 바로 이 트레이닝이 진가를 발휘하는 것이죠. 고정시켜야 할 곳에 고정시키고 다른 곳에

도망가지 않도록 똑바로 주의력을 통제하십시오.

　이런 트레이닝은 너무 단순해서 도움이 안 된다고 생각하시겠지만 그 효과는 제가 보증합니다. 시작하고서 얼마 지나지 않아 근육의 움직임이나 시늉 등을 잘 통제할 수 있게 되며, 주의력도 대폭 늘어나 자기가 하고 있는 일에 생각을 집중시킬 수 있게 됐다고 분명 실감하시게 될 겁니다. 이것이 당신에게 매우 큰 도움을 줄 수 있다는 것은 말할 것도 없습니다.

　무슨 일을 하든지 바로 그것이 내 인생에 있어서의 최대의 목표라고 생각하십시오. 당신이 관심 있는 것은 오직 지금 하고 있는 일 뿐이며, 온 세상의 다른 일들에 대해선 아무런 관심도 없다는 생각을 가지세요. 지금 하고 있는 일에서 벗어나 정신이 다른데 팔리게 해선 안 됩니다. 주의력은 당신에게 반항하려고 들겠지만, 주의력에 당신을 통제하도록 놔두지 말고 당신이 주의력을 제어하도록 하십시오. 반항적인 주의력을 정복했을 때 당신은 자신이 생각한 그 이상으로 훨씬 큰 승리를 손에 넣은 셈입니다.

　집중할 수 있는 사람은 자신의 몸과 마음을 완전히 통제하여 자신의 성벽의 노예가 되지 않고 그 주인이 될 수 있습니다.

트레이닝7 _ 집중력으로 후각 높이기

　산책하거나 외곽지역으로 드라이브를 나갔을 때, 혹은 꽃밭을

지나갔을 때 꽃이나 풀들의 향기에 집중해봅시다. 과연 몇 종류나 되는 식물의 향기를 구분해서 맡을 수 있을지 시험해보세요. 그 다음에 그 중에서 하나를 선택해서 그 향기에만 집중합니다. 이것은 후각을 예리하게 만드는데 있어서 큰 효과가 있습니다. 단, 이 작업에는 특별히 많은 집중력을 필요로 합니다. 후각을 단련할 때는 향기 이외의 모든 생각들은 물론이거니와, 자기가 집중하고 있는 대상 이외의 향기에 대한 지각 또한 머릿속에서 차단시키지 않으면 안 됩니다.

후각을 단련하는 트레이닝을 할 수 있는 기회는 널려 있습니다. 야외에 나갔을 때는 여러 가지 냄새들에 주의를 기울여봅시다. 모든 냄새가 공기 속에 포함되어 있다는 것을 느낄 텐데, 몇 년인가 지나고서도 이 트레이닝을 했을 때의 상황을 선명하게 기억나게 해줄 수 있을만한 향기를 선택해서 그것에 집중하십시오.

여기서 소개해드린 트레이닝의 목적은 주의력을 집중시키는 훈련입니다. 이 훈련을 거듭하는 가운데, 팔을 움직이는 것과 같이 자신의 마음을 통제하여 생각을 자유자재로 조정할 수 있게 될 것입니다.

트레이닝8 _ 자기 내면에 집중하기

똑바로 누워 전신의 근육을 완전히 이완시킵니다. 심장의 고동에 집중하십시오. 다른 것에는 일절 주의를 기울이지 마세요. 심장이라고 하는 훌륭한 장기가 온몸에 혈액을 내보내고 있는 모습을 머리에 떠올립시다. 혈액이 거대한 저장고로부터 하나의 흐름을 이루어 내뿜어지며 발끝으로 향하는 장면을 실제로 머릿속에 그려보는 겁니다. 또, 다른 혈류가 이번에는 팔에서 손끝으로 흘러가는 모습을 상상해보세요. 조금만 연습을 하면 혈액이 체내기관을 통해 흐르고 있는 것을 느낄 수 있게 될 겁니다.

만약 신체 어딘가가 쇠약해진 것처럼 느껴진다면 그 부분에 혈액이 여유 있게 보내질 수 있도록 의지력을 집중해보십시오. 예를 들어 눈에 피로를 느낀다면 혈액이 심장으로부터 내보내지고 머리를 지나 눈으로 흘러들어가는 장면을 머릿속에 그리는 겁니다. 이 트레이닝으로 인해 경이적으로 체력이 증가할 것입니다.

취침직전과 아침에 눈뜰 때 안성맞춤인 트레이닝을 소개해드리겠습니다. 자신을 향해 이렇게 말하는 겁니다.

'내 온몸의 세포들은 살아가는 기쁨에 떨고 있습니다. 내 몸의 어느 부위 할 것 없이 다 튼튼하고 건강 그 자체입니다'

이 방법으로 현저하게 건강해진 사람들을 많이 알고 있습니다. 당신은 나는 이렇다라고 머릿속에 그린 모습 그대로 변신할 수가 있는 것입니다. 마음속으로 자신과 질병을 연결해서 생각하다보면 정말로 병을 얻게 되죠. 다부지고 활력에 넘친 건강한 자기자신을 이미지하다 보면 그 이미지가 현실이 되어 당신은 건강을 얻게 되는 것입니다.

트레이닝9 _ 수면에 집중하기

이 트레이닝은 「워터 · 메서드(Water Method)」라 불리며 매우 간단하면서도 잠을 유도하는 효과가 아주 뛰어납니다.
  깨끗한 물을 가득 채운 컵을 침실 테이블 위에 놓습니다. 테이블 옆 의자에 앉아 컵 안의 물을 응시하며 그 고요함에 대해 생각해봅시다. 이어서 그와 같이 조용한 상태가 되어가는 자신을 상상하십시오. 곧이어 신경이 잔잔해지면서 잠이 들 수 있게 될 것입니다. 꾸벅꾸벅 졸고 있는 자신을 상상해보는 것도 좋겠군요. 심한 불면증은 스스로를 생물체 이외의 것, 예를 들어 싸늘하고 조용한 숲 깊숙이 있는 썩어가는 통나무라고 상상함으로써 많은 사람들이 극복하고 있습니다.
  불면증으로 괴로워하는 사람들에겐 신경을 풀어주는 이러한 수면 트레이닝은 매우 효과적일 겁니다. 불면의 공포를 마음속에서 쫓아내어, 잠드는 건 아주 쉬운 일이라고 생각하는 마음가짐을 잊어선 안 됩니다.
  당신도 이제 슬슬 집중력의 가능성에 눈을 떠, 인생에 있어서 집중력이 얼마나 중요한 역할을 하고 있는지 깨달으셨을 거라 생각합니다.

트레이닝10 _ 당신의 인상을 좋게 만드는 훈련

자신을 관찰해보십시오. 혹시 끊임없이 양손을 움직인다거나 손가락으로 뭔가를 두드린다거나 콧수염을 손가락으로 말아올린다거나 하는 버릇은 없나요? 무릎을 떠는 것처럼 발을 계속 움직이는 버릇이 있는 사람도 있습니다. 거울 앞에 서서 얼굴을 찌푸리거나 인상을 쓰는 버릇이 있는지 없는지 체크해보세요. 계속 얼굴을 찌푸리는 버릇을 유지하다보면 언젠간 곧 그 주름이 다시는 사라지지 않게 될 것입니다. 얼굴은 비단 직물 한 장을 덮어씌운 것과 같아서 몇 번이나 주름을 만들어도 다시 펼 수는 있지만, 그것도 너무 지나치게 주름을 계속 만들다보면 언젠가는 지울 수 없게 되고 말죠.

집중력으로 소심한 성격을 고칩시다. 아무 것도 아닌 일 가지고 끙끙 앓는 버릇이 있는 사람은 몇 분 동안 그 근심거리에 대해 생각을 집중해서, 그것이 얼마나 쓸데없는 걱정인지를 이해하도록 해야 합니다. 아주 사소한 일에 과민반응을 보이거나 신경을 곤두세우는 습관이 있는 경우는, 그런 상태가 되기 시작했을 때 곧바로 자기자신을 체크하십시오. 그리고 심호흡을 하면서 「나는 그런 나약한 인간이 아니다. 나는 내 자신의 주인이다」라고 말합시다. 금새 차분한 정신상태로 돌아올 수 있을 겁니다.

트레이닝11 _ 집중력으로 다혈질 바로잡기

만약 당신이 사소한 자극에도 욱해서 스스로를 다스리지 못하는 타입이라면 1분 동안 이렇게 생각해보십시오.

과연 이런 행동이 당신에게 도움이 되는지, 뭔가 얻을 수 있는 게 있는지, 자기 마음의 평정심을 당분간 잃게 되는 건 아닌지 하고. 그런 습성들이 점점 악화되면서 곧 당신을 대하는 모든 사람들로부터 미움을 받게 된다는 걸 아직도 모르시는지요?

누구나 실수는 저지르기 마련입니다. 다른 사람의 실수에 화를 내는 대신 '다음엔 조심해' 라고 한 마디만 말해봅시다. 그러면 '다음에는 조심해야한다' 라는 이 생각이 상대의 마음속에 남아 다음부터는 조심을 하게 됩니다. 반대로 그 사람의 실수에 대해 계속 따지고 들면 상대의 마음에는 「실수」라는 생각이 각인되어, 그 다음에도 더 큰 실수를 저지르게 될 것입니다. 자기 통제 능력의 부족은 집중하려고 노력만 하면 모두 해결할 수 있습니다.

지금 이 내용을 읽으시면서 나는 이런 일은 없다고 생각하시는 분이 많이 있을지도 모르겠네요. 하지만 자신을 신중하게 관찰해 보면 꼭 그렇지도 않다는 것을 알게 됩니다. 만약 이런 기질이 있다면 다음과 같은 말을 매일 아침마다 자신에게 들려주십시오.

'저는 오늘 하루 동안 쓸데없는 동작을 취한다거나 사소한 일에 고민한다거나 짜증을 내거나 성급한 행동을 하지 않도록 노력하겠습니다. 늘 평정심을 유지할 수 있도록 힘쓰고, 주변 상황이 어떻든 간에 내 자신을 통제하겠습니다. 앞으로는 자기 통제 능력이 없음을 보여주는 그런 행동들은 일체 취하지 않을 것임을 다짐합니다.'

저녁에는 그 날 하루의 행동을 뒤돌아보고 그 다짐을 얼마만큼 실행할 수 있었는지 체크해봅시다. 물론 처음 시작할 때는 위반행위를 인정하지 않을 수 없는 일도 빈번히 있을 것입니다만, 계속해서 노력하다보면 곧 그 다짐을 지킬 수 있게 됩니다. 단, 일단 자기 통제 방법을 익히면 절대 그것을 놓쳐서는 안 됩니다. 당분간은 아침에 자기암시를 반복하도록 하고, 그것이 지켜졌는지 여부를 저녁에 확인할 필요가 있을 겁니다. 자기 통제의 습관이 확실히 뿌리내려, 그것을 어기려고 해도 어길 수 없을 정도가 될 때까지 노력을 계속 기울이십시오.

이 자기암시와 매일 저녁의 반성이 인생을 멋지게 바꿔줬다는 많은 성원의 목소리가 저에게 와있습니다. 저의 조언에 따르신다면 당신의 인생에도 분명 변화가 찾아올 것입니다.

트레이닝12 _ 거울 앞에서 자기 단련하기

거울을 향해 자신의 눈높이와 같은 곳에 표시를 두 개 하고, 이것을 당신의 눈을 들여다보고 있는 사람의 눈이라고 생각하십시오. 처음에는 조금 눈을 깜빡거리게 될 겁니다. 머리를 움직이지 말고 똑바로 서계십시오. 머리를 완전히 정지시키는 일에 모든 생각을 집중시킵시다.

이어서 머리와 눈, 몸은 가만히 있는 상태에서 '나는 외관적으로 신뢰할만한 인간의 모습을 갖췄다. 누구나 신뢰할 수 있는 인물처럼 보인다'라고 생각하는 겁니다. '아무리 봐도 이 사람의 겉모습이 마음에 들지 않는다. 신뢰할만한 사람은 아닌 것 같다'라는 인상을 심지 않도록 노력해야 합니다.

거울 앞에 서 있는 동안 심호흡의 연습을 하십시오. 신선한 공기라는 음식이 방 안에 온통 가득 차 있고, 지금 그것을 먹고 있는 중이라고 생각해보세요. 공기가 세포 하나하나에 침투하면서 당신 안에 있는 겁이 사라지게 될 것입니다. 그리고 대신에 그 자리에 평온함과 힘에 대한 감각이 넘쳐날 것입니다.

당당하게 일어나며 안면근육이 통제되고 눈은 항상 주의력 넘치는, 그런 사람이라면 대화를 하면서 상대에게 좋은 인상을 심을 수가 있습니다. 몸 주위를 휘감는 냉정함과 강한 정신력 앞에 그 어떤 장애물도 그 자취를 감추게 될 것입니다.

이 트레이닝에 할애하는 시간은 하루 3분만으로도 충분합니다.

트레이닝13 _ 지각(知覺)을 통제하는 법

만약 지금 싸늘한 곳에 있다면 어떤 식으로 느껴지는지를 생각해보십시오. 더 추우면 어떻게 될까요. 아님, 얼어버릴 것처럼 춥다면? 그렇게 생각하는 순간 분명 온몸이 덜덜 떨리게 될 것입니다. 그 다음엔 정반대의 상황을 머리에 떠올려봅시다. 비록 싸늘한 공간에 있긴 하지만 온몸이 불타오를 듯한 열기가 느껴질 정도로 선명하고 강렬한 열풍의 이미지를 떠올려보십시오. 훈련만 쌓으면 상상력을 이 정도 수준으로까지 끌어올리는 일이 가능합니다. 이 방법으로 아무리 힘든 상황에 놓여도 견딜 수 있는 강인함을 얻을 수가 있습니다.

이러한 트레이닝은 얼마든지 생각해낼 수 있습니다. 예를 들면 공복감이나 갈증을 느끼기 시작하긴 했지만 어떤 이유 때문에 아무 것도 먹고 싶지 않다고 칩시다. 그럴 때는 얼마나 배가 고프고 목이 마른지는 생각하지 말고 방금 풍성한 식사를 막 마친 자신의 모습만을 머릿속에 그려보십시오. 이 방법은 통증을 느끼고 있을 때에도 활용할 수 있습니다. 통증에 대한 생각으로 통증을 더욱 크게 만들 것이 아니라, 뭔가 자신의 주의를 돌릴 수 있을만한 일을 하면 통증이 사그라지는 듯한 느낌이 듭니다. 이런 타입의 트레이닝을 체계적으로 하다보면 신체에 불쾌한 영향을 끼치는 것들을 컨트롤할 수 있는 힘을 금세 터득할 수 있을 것입니다.

트레이닝14 _ 동양식 집중법

우선 높은 등 받침이 달린 의자에 등을 곱게 펴서 앉습니다. 그리고 오른쪽 비공(鼻孔)에 손가락 한 개를 갖다댑니다. 열까지 세면서 조용히, 그리고 천천히 왼쪽 구멍으로부터 깊이 숨을 들이쉽니다. 이어서 왼쪽 구멍을 눌러 열까지 세면서 오른쪽 구멍으로부터 숨을 밖으로 내쉽니다. 이번엔 좌우를 거꾸로 해서 반복해보십시오. 이 트레이닝은 일회에 적어도 20번은 할 필요가 있습니다.

트레이닝15 _ 욕망을 통제하는 법

욕망은 가장 통제하기 힘든 힘이긴 합니다만, 그만큼 집중력 트레이닝에는 안성맞춤인 재료입니다. 욕망의 통제법을 터득하면 집중력을 한층 더 높이 끌어올릴 수 있습니다. 자신의 비즈니스를 위해 정력을 기울여야 할 일은 이 외에도 얼마든지 있습니다. 다른 사람에 대한 생각을 한다거나 소문에 대한 얘기를 나누면서 시간을 낭비해서는 안 됩니다.

누군가에게 있어서 불리한 사실을 다른 사람에게 듣고 알게 된 것이 아니라, 당신 스스로 발견했을 때는 당신 가슴속에 남몰래 담아둡시다. 나중에 당신의 착각이었다는 것을 알게 될 수도 있는 일이고, 어쨌든 자신의 생각을 남에게 알리고 싶다는 욕망을 통제함으로써 당신의 의지는 강화되는 것입니다.

뭔가 좋은 소식을 접한 직후, 처음 만나는 사람에게 그것을 전하고 싶은 욕망을 견뎌보는 것도 효과적입니다. 말하고 싶은 욕망을 억제하기 위한 힘을 남김없이 집중시킬 필요가 생기는 것이죠. 자신의 욕망을 완전히 제어할 수 있게 됐다고 느끼면 이제 다른 사람에게 알려줘도 상관없습니다. 그러나 누차 강조하지만 반드시 자신이 말해도 될 상태가 되기 전까지는 남에게 알리고 싶은 욕망을 억눌러주셔야 됩니다. 욕망에 대한 이와 같은 집중력을 갖지 못한 사람은 남에게 말해선 안 되는 얘기를 함으로써 자기자신이든 남이든 불필요한 시비에 말려들게 만드는 경향이 있습니다.

불쾌한 소식을 접할 때 감정이 격앙되는 습성이 있는 사람은 자신을 통제해서 놀라워하는 소리를 내지 않는다거나, 그런 식으로 소식을 조용히 받아들이도록 하십시오. 스스로에게 이렇게 말합시다. '내게서 자기 통제 능력을 빼앗아갈 수 있는 것은 아무 것도 없다.' 경험을 쌓다보면 바로 이 자기 통제 능력이 비즈니스에 있어서 큰 가치를 갖는다는 것을 알 수가 있습니다. 당신은 냉정하고 침착한 비즈니스맨이라는 평가를 받게 될 것이며, 곧 그것이 귀중한 사업자산이 될 것입니다. 물론, 때에 따라서는 열중하거나 감격해할 필요가 생기기도 합니다. 그러나 자기 통제를 연습할 수 있는 기회를 늘 찾는 자세만은 항상 갖도록 합시다.

트레이닝16 _ 독서를 통한 단련

「생각하다」라는 행위는 우선 대상물에 대해 사고력을 집중시키지 않으면 할 수 없는 행위입니다. 어떤 사람이든 명료한 사고를 할 수 있도록 하는 훈련을 할 필요가 있습니다. 뭔가 짧은 이야기거리를 읽고 내용을 간단하게 정리해서 적는 것은 아주 효과적인 트레이닝입니다.

신문기사를 읽고나서 거기에 적혀져 있는 일을 얼마나 적은 말로 표현할 수 있는지 시험해봅시다. 본질적인 내용만을 추출하기 위해 기사를 읽는 데에는 굉장한 집중력이 요구됩니다. 만약 읽은 내용을 적어내지 못한다면 당신은 집중력이 부족하다는 뜻입니다. 적는 것보다 말로 표현하는 편이 더 편하다면 그렇게 하십시오. 자기 방으로 가서 누군가에게 말을 걸고 있다는 생각으로 해봅시다. 집중력을 높이고 생각하는 방법을 배울 수 있는 훌륭한 트레이닝은 이 밖에도 얼마든지 찾아볼 수 있습니다.

이처럼 단순한 트레이닝을 행한 후, 20분 동안 책을 읽고서 그 내용을 종이에 써보세요. 처음에는 자세한 내용까지는 잘 기억이 나지 않겠지만 조금만 연습하면 꽤 상세한 내용까지 쓸 수 있게 됩니다. 강하게 집중할수록 내용을 정확하게 재현할 수가 있습니다.

시간적으로 여유가 없을 때는 짧은 문장을 하나 읽고 한 구절,

한 글자 있는 그대로 적어봅시다. 이것이 가능해지면 다음은 한 번에 두 가지 이상의 문장을 읽고서 똑같은 작업을 반복합니다. 이 방법이 완전히 몸에 밸 때까지 계속하다보면 매우 큰 성과를 기대할 수 있습니다.

 빈 시간을 활용해서 이와 같은 트레이닝을 하면 집중력을 대폭 늘릴 수가 있습니다. 한 문장의 단어들을 모두 외우기 위해서는 외우고 싶은 단어 이외의 생각이 머리에 떠오르는 것을 억제하지 않으면 안 됩니다. 이 억제력만 터득해도 이 트레이닝에 시간을 할애할만한 가치가 있는 것입니다.

 물론 여기서 소개해드린 트레이닝이 전부 다 잘 될지 안 될지의 여부는, 당신이 집중력을 구사해서 읽었던 내용들을 머릿속에 그릴 수 있는 힘을 얼마나 끄집어낼 수 있느냐에 달려있습니다. 어떤 작가는 이 힘을 '들은 얘기로 수많은 산들을 자기 눈앞에 솟아나게 하고, 읽은 얘기로 강의 흐름을 자신의 발밑에 너울거리게 하는 힘'이라고 표현하고 있습니다.

트레이닝17 _ 집중력으로 악습 극복하기

 뭔가 당장 끊고 싶은 버릇이나 습관이 있다면 눈을 감아 당신 앞에 진정한 당신의 모습이 있다고 상상하십시오. 그리고 자기암시의 힘을 시험하는 것입니다. 자신을 향해 이렇게 말하십시오.

'당신은 나약한 인간이 아니다. 당신이 원한다면 얼마든지 이 습관을 끊을 수 있다. 이 습관은 유해하고 당신은 이것을 끊길 바라고 있다.'

자기자신이 다른 누군가가 되어 당신에게 이런 조언을 하고 있다고 상상하는 겁니다. 이것은 아주 값진 훈련입니다. 곧 다른 사람이 당신을 보는 것과 같이 자기자신을 바라볼 수 있게 될 것입니다. 그리고 그 나쁜 습관은 당신을 지배하는 힘을 잃게 되어 당신은 자유의 몸이 될 수 있습니다.

다른 사람의 시선으로 자신을 제어하는 멘탈 이미지의 기술을 터득하면 악습을 편하게 끊을 수 있게 될 겁니다. 제가 알고 있는 사람들 중의 많은 사람이 이 방법으로 나쁜 술버릇을 극복했습니다.

트레이닝18 _ 시계를 이용한 집중력 훈련

의자에 앉아 초침이 있는 시계를 테이블에 둡니다. 초침의 움직임을 눈으로 따라가 보십시오. 다른 일에 대해선 모두 머리에서 쫓아내고 초침만을 생각하면서 이것을 5분간 계속합니다. 의식의 흐름 속에 있는 다른 생각들 모두 초침에 대한 집중에 복종시킬 수 있다면, 몇 분밖에 시간적 여유가 없을 때에는 최적의 트레이닝이 됩니다.

초침은 특별히 흥미를 끄는 물건이 아니기 때문에 집중하기란 쉽지가 않습니다. 그만큼 이 트레이닝을 성공적으로 마치기 위해선 그만한 의지력을 필요로 하게 되며, 바로 거기에 가치가 있는 것입니다. 이 트레이닝을 하고 있는 동안에는 가급적 몸을 움직이지 않도록 하십시오.

이 방법으로 신경을 제어하는 기술을 터득할 수 있음과 동시에 신경이 잠잠해지면서 평온해지는 효과도 있습니다.

트레이닝19 _ 신념에 집중하기

집중력의 힘을 믿는 일이 중요하다는 것은 말할 것도 없습니다. 때문에 이것은 본래 가장 처음에 실었어야할 트레이닝입니다. 하지만 굳이 그렇게 하지 않았던 이유는 우선 집중력은 훈련으로 터득할 수 있다는 사실을 몸소 알아주셨으면 했기 때문입니다. 여기까지 트레이닝을 꾸준히 해오셨다면 상당한 수준으로까지 집중력을 끌어올리셨을 텐데, 집중력의 힘에 대한 신념은 이보다 훨씬 더 강화시킬 수 있습니다.

당신에게는 뭔가 실현하고 싶은 욕망이나 소원이 있다, 혹은 뭔가 귀중한 조언을 필요로 한다라고 칩시다. 우선 자기가 바라는 것을 명확하게 머릿속에 그려보고, 이어서 그것을 손에 넣는다는 생각에 집중합시다. 소원은 이루어진다는 절대적인 신념을 가지십시오. 그 신념대로 소원은 달성된다고 믿으세요. 이 시점에서 자신의 신념을 분석해선 안 됩니다. '왜' 믿는지 따위는 아무래도 상관없는 문제인 것이죠. 당신은 자신이 원하는 것을 손에 넣고 싶어하고, 올바른 방법으로 그것에 집중만 하면 손에 넣을 수 있다는 것, 단지 그것뿐입니다.

주의

자기가 성공하지 못할 것이라는 생각은 절대로 하지 말 것. 원하는 것을 이미 손에 넣은 자신을 머릿속에 그림으로써 그것은 실제로 당신 것이 됩니다.

자기불신에 대해

자신을 신뢰할 수 없다고 느끼신 적은 없나요? 만약 있다면 이렇게 자신에게 물어보십시오. '나는 어느 쪽의 자신을 신뢰해야할까.' 그리고 다음에 이렇게 말합시다. '내 안에 있는 더 숭고한 나는 결코 더럽혀질 일은 없다.' 그리고 숭고한 자신의 훌륭한 힘을 생각하세요. 모든 고난에는 그것을 극복할 수 있는 방법이 존재하며, 사람은 그 극복에 깊은 기쁨을 느끼는 법입니다.

마음이 내키지 않는 면담이나 행사를 앞두고 있을 때, 거기에 대한 불안이나 염려로 귀중한 생각의 힘을 낭비하는 일은 그만둡시다. 그 면담이나 행사의 장점을 최대한으로 끄집어내는 일에 집중된 생각과 시간을 바치십시오. 그렇게 하면 생각보다 불쾌감이 덜하게 되죠. 거의 대부분의 트러블은 우리의 상상 속에 있기 마련입니다. 그것을 현실로 만들어버리는 것은 트러블을 지나치게 두려워하는 마음 이외에 그 무엇도 아닙니다. 당신을 둘러싼 불행한 환경은 당신 스스로의 부정적인 마음과 불안, 잘못된 생각들이 끌어들여 만들어낸 것입니다. 그리고 바로 그 환경은 당신이 자기 안에 있는 것을 발견함으로써 모든 불행을 정복할 수 있음을 알려주고 있습니다.

자신에 대한 불신을 극복하기 위해 '왜 나는 자신의 힘에 집중하고 있는가'를 생각해보십시오. 그렇게 함으로써 당신의 신뢰를 결코 배신하지 않을 숭고한 당신에게 보다 더 가까워질 수 있을 것입니다. ●

인간은 마음속으로 결심하고
믿는 일을 이루어낸다.
인간 정신의 위대한 힘은
바로 여기에 있다.
우리의 정신은 확실한 기대치를
정하고 나면
그것을 이루는 데 필요한
모든 신체의 활동을 부추긴다.

나폴레온 힐

LESSON 15

기억력을 단련하려면

67 뭔가를 기억하기 위해서는 그와 관련된 것들과 연결지어 강한 인상을 만들어야 한다.

68 자기가 정한 일에 주의력을 집중시키면 「연상의 법칙」의 도움을 받아 기억력을 단련할 수 있다.

69 귀를 기울여 집중한다는 것은 내면에 있는 최고의 힘을 갈고닦는 것이다.

chapter 67

뭔가를 기억하기 위해서는
그와 관련된 것들과 연결지어
강한 인상을 만들어야 한다

●

어째서 사람은 잊어버리는 것일까요? 사람이 뭔가를 잊는 것은 특별히 뭔가를 하고자 할 때 그 일에 마음을 집중하지 않기 때문입니다. 우리는 강한 인상을 주는 것만 기억하기 마련입니다. 따라서 뭔가를 기억하기 위해서는 우선 마음속에서 그와 관련된 생각과 연결지어 강한 인상을 만들 필요가 있습니다.

아내가 남편에게 '편지 좀 붙여줘'라고 부탁을 했다고 합시다. 남편은 아무 생각 없이 편지를 주머니에 넣고 그대로 편지에 대해선 까맣게 잊어버리고 맙니다. 하지만 편지를 받았을 때 자신을 향해 '나는 이 편지를 붙인다. 우체통은 다음 모퉁이에 있으니까 그곳을 지나갈 때 이 편지를 꼭 붙여야만 한다'라고 말하면, 우체통 앞을 지나는 순간 기억이 날 수 있습니다.

더욱 중요한 일에서도 이 같은 법칙이 적용됩니다. 예를 들어, 오늘 점심을 먹으러 가는 김에 스미스 씨를 방문하도록 지시를 받았다고 합시다. 이 지시를 받은 순간에 다음과 같은 말을 자신에게 하면 잊어버릴 일이 없습니다.

'점심을 먹으러 가서 브랭크 거리 모퉁이까지 가면 오른쪽으로 꺾어서 스미스 씨를 찾아가자.' 이 방법으로 강한 인상이 남게 되어 브랭크 거리라는 관련물이 눈에 들어왔을 때 지시 받은 용건이 생각나는 것입니다.

중요한 것은 기억해야 할 일이 머릿속에 들어온 순간에 그 인상을 강하게 만들 노력을 해야 한다는 것입니다. 이를 가능케 하기 위해서는 그 일 자체에 마음을 집중시키는 것은 물론이거니와, 그와 관련된 것들을 최대한 많이 생각해서 상호강화를 시킬 필요가 있습니다. ●

> 우리는 강한 인상을 주는 것만 기억하기 마련입니다. 따라서 뭔가를 기억하기 위해서는 우선 마음속에서 그와 관련된 생각과 연결지어 강한 인상을 만들어야 합니다.

chapter 68

자기가 정한 일에 주의력을 집중시키면 「연상의 법칙」의 도움을 받아 기억력을 단련할 수 있다

●

　마음은 「연상(聯想)의 법칙」에 의해 움직이고 있습니다. 즉, 동시에 마음속에 들어온 기억들은 상호간에 상대를 상기시키면서 동시에 나오게 된다는 법칙입니다.
　사람이 기억하고 싶은 일을 기억하지 못하는 이유는 이 일을 해야겠다고 마음먹은 순간에 마음을 충분히 집중시키지 않기 때문입니다.
　자기가 정한 일에 주의력을 집중시키면 「연상의 법칙」의 도움을 받아 기억력을 단련할 수 있습니다. 이런 습관을 몸에 익히면 주의력을 편하게 집중시킬 수 있게 되며 기억력도 쉽게 단련할 수 있습니다. 그리고 당신의 기억은 중요한 순간에 누락되는 일 없이 평상시 업무에 귀중한 재산이 되어줄 것입니다.
　그림을 한 장 고르고 테이블 위에 놓아 2분간 보고 계십시오. 주의력을 그림에 집중시켜 아주 자세한 부분까지 관찰해야 합니다.

다음에 눈을 감고 그림에 대해 어느 정도로 기억해낼 수 있는지 점검하십시오. 그림의 주제는 무엇인지. 재미있는 소재인지. 사실(寫實)적인 그림인지, 배경 앞에 있던 사물, 아니면 중간이나 뒤쪽에 있던 사물들. 색상이나 모양까지 상세하게 기억해냅시다.

이젠 눈을 떠서 잘못된 기억들은 하나도 빠뜨리지 말고 엄격하게 체크해서 정정하도록 하십시오. 그리고 다시 한 번 눈을 감아 처음 시도했을 때보다 얼마나 더 정확하게 기억해낼 수 있는지 도전해보십시오. 당신의 멘탈 이미지가 실제 그림과 세부사항까지 모두 일치할 때까지 연습하십시오.

트레이닝에 들어가기 전에 시계를 봐두셔야 합니다. 시작하고서 5분 이상 계속할 수 있을 것 같으면 그렇게 해도 상관없습니다. 다음 날 의자에 앉아 그림을 보지 않고서 생각을 그림에 집중시켜 훨씬 더 상세한 부분까지 기억해낼 수 있는지 시도해보십시오. 아마도 머릿속에 수도 없이 떠오를 것입니다. 첫째 날 기억해낸 것들을 빠뜨리지 말고 모두 기록해서, 거기에 새로운 발견들을 추가해나가는 것도 좋은 방법입니다. ●

주의력을 집중시키는 훈련을 해두면, 당신의 기억은 중요한 순간에 누락되는 일 없이 평상시 업무에 귀중한 재산이 되어줄 것입니다.

chapter **69**

귀를 기울여 집중한다는 것은
내면에 있는 최고의 힘을 갈고닦는 것이다

●

　사람은 자연과 접했을 때 비로소 자기자신을 발견할 수 있다는 사실을 대부분의 사람들은 알지 못하고 있습니다. 자기 안에 있는 호기심 어린 감각을 이용해 자연의 소리를 들음으로써, 우리는 모든 생명들이 서로 이어져 있음을 알게 되고 자신의 잠재적인 힘에 눈을 뜨는 것입니다.
　많은 사람들은 모르고 있지만, 귀를 기울여 집중한다는 이 단순한 행위는 우리 안에 있는 최고의 힘입니다. 다른 감각들이 인간의 하등한 면과 관련된 것에 비해, 청각은 가장 숭고한 면과의 접촉을 가능하게 해줍니다. 자연과 가깝게 지낼수록 이 감각은 갈고 닦아집니다. 이른바 문명이라고 하는 것은 우리의 청각을 희생해서 다른 감각들을 지나치게 발달시켜왔습니다.
　아이들은 자기도 모르는 사이에 집중력의 가치를 깨닫고 있습니다. 예를 들어서 어떤 어려운 문제를 풀고 있는 아이가 있다고 칩시다. 아무리 애를 써도 진도가 나가지 않아 정신적으로 막다른 길에 다다랐을 때, 아이는 손으로 턱을 괸 채 꼼짝도 하지 않고 뭔가에 귀를 기울이는 것처럼 보입니다. 그런데 갑자기 뭔가 번쩍 떠오른 듯한 표정을 보이고는, 기쁜 얼굴로 문제를 다시 풀기 시작하더니 끝내 공부를 마칩니다. 도움이 필요할 때는 조용히 집중해야 한다는 사실을 아이들은 본능적으로, 그리고 무의식적으로 알고 있는 것입니다.

훌륭한 사람들은 모두 집중하는 사람들이며 그 덕분에 성공을 거머쥐고 있습니다. 의사는 환자의 증상에 대해 생각하고 기다리며 번뜩이는 생각에 귀를 기울입니다. 그것은 아마 무의식적인 행위일 것입니다. 이런 방법으로 진단을 내리는 의사는 좀처럼 실수하는 법이 없습니다. 작가는 스토리 구상을 하고 마음속에 그 생각을 품으며 기다립니다. 그러면 뭔가 머릿속에 번뜩이는 것입니다. 뭔가 어려운 문제를 해결하고 싶다면 당신도 이 같은 방법을 배워봅시다. ●

귀를 기울여 집중하는 이 단순한 행위는 우리 안에 있는 최고의 힘입니다. 다른 감각들이 인간의 하등한 면과 관련된 것에 비해, 청각은 가장 숭고한 면과의 접촉을 가능하게 해줍니다.

실패를 두려워할 필요는 없다.
두려워해야 할 것은
해보지도 않고 놓쳐버리는 기회이다.

그레이 매터

LESSON 16

꿈은 이루어진다

70 성공할 수 있다는 자신감을 가지면 소원은 무엇이든 이루어진다.

71 자기 안에 있는 신을 찾아내기 위해 더욱 더 자신을 신뢰할 것

72 날마다 성공의 이미지를 그리다보면 곧 현실로 나타나게 된다.

chapter 70

성공할 수 있다는 자신감을 가지면
소원은 무엇이든 이루어진다

•

　수많은 환상적인 소원을 이뤄주는 「알라딘의 램프」이야기는 단순한 동화에 불과합니다. 하지만 '사람의 내면에는 어떤 힘이 존재하고, 그 힘을 활용할 수만 있다면 소원은 무엇이든지 이뤄진다'는 사실을 가르쳐주고 있습니다.
　나약한 사람은 상황에 의해 조종당합니다. 강한 사람은 상황을 조종합니다. 당신은 정복당하는 편이 될 수도 있고, 정복하는 편이 될 수도 있는 것입니다. 집중의 법칙을 이용해 당신은 진심으로 바라는 바를 달성할 수 있습니다. 이 법칙은 처음에는 아주 불가능하게 보였던 일들도 달성 가능하게 만들어버릴 정도로 힘이 넘쳐납니다.
　이 법칙에 의해 처음에는 꿈같은 일로만 여겨졌던 일들이 현실이 됩니다.
　집중의 첫 걸음은 자신이 달성하고 싶은 일의 이미지를 그리는 일에서 시작합니다. 이 이미지가 생각의 씨앗이 되어 그와 같은 성질의 생각들을 끌어들이게 됩니다. 이 생각들이 머릿속의 상상이나 창조를 관장하는 영역에 심어지면 관련된 것끼리 분류된 그룹들을 형성해나갑니다. 그리고 그 그룹들은 당신이 소원에 집중할수록 계속해서 커집니다.

매일 5분 동안은 실현하고 싶은 일에 대해 생각하는 습관을 갖도록 합시다. 다른 일들은 모두 의식에서 차단하십시오. 나는 성공할 수 있다는 자신감을 가져야 합니다.

집중력을 키울 때 아주 큰 도움이 되는 것이, 당신의 마음속의 가장 중요한 것에 대한 생각을 써내는 것입니다. 그 주제에 관해 이제 더 이상 쓸 게 없어질 때까지 조금씩 보태갑시다.

> 나약한 사람은 상황에 의해 조종당하고 강한 사람은 상황을 조종합니다. 집중의 법칙을 이용해 당신은 진심으로 바라는 소원을 달성할 수가 있습니다.

chapter 71
자기 안에 있는 신을 찾아내기 위해
더욱 더 자신을 신뢰할 것

●

　의식의 흐름의 중앙에 있는 생각에 자신의 힘을 집중시키다보면 매일 매일 새로운 계획이나 아이디어, 방법들이 번쩍 떠오릅니다. 이것은 당신의 목표달성을 도와줄 「유인의 법칙」의 힘입니다.
　예를 들어 홍보 일에 관련된 사람이 어떤 분야의 광고를 맡았다고 합시다. 자신의 아이디어는 떠올랐지만 다른 사람의 생각도 알고 싶다는 생각에 정보를 찾아보기 시작하면 금세 그 주제에 관한 책이나 안건, 구상들이 산더미처럼 쌓이게 됩니다. 처음 작업에 착수했을 때만 해도 존재조차 몰랐던 엄청난 양의 정보들이죠.
　이것은 어떤 분야에서도 통하는 이야기입니다. 우리에게는 자신을 도와줄 만한 것들을 끌어들일 수 있는 힘이 있는 것입니다. 기적과 같은 방식으로 도움을 받는 일도 결코 드문 일은 아닙니다. 그 눈에 보이지 않는 조용한 힘은 일단 움직이기 시작하면, 우리가 자신의 역할을 다하고 있는 한, 시기가 조금 늦어질 수는 있으나 반드시 어떤 성과를 가져다줍니다.

그 조용한 힘은 그것을 사용하고 싶어 하는 사람을 위해 늘 그곳에 존재하며 언제든지 도움의 손을 뻗으려고 대기하고 있습니다. 자기 소망의 강한 멘탈 이미지를 그리며 뿌린 생각의 씨앗은 당신의 편을 들어 움직이기 시작할 것이며, 당신의 그 소원이 숭고한 당신과 조화를 이루는 것이라면 곧 실현이 될 것입니다.

자기에게 도움이 되는지 안 되는지부터 곰곰이 생각해보십시오. 그리고 이렇게 말합시다.

'나는 이 일을 하고 싶다. 이 일을 실현하기 위해 노력할 것이다. 나를 위해 길은 열릴 것이다.'

성공이란 무엇인가를 마음속에서 완전히 이해하고 그 생각을 매일 마음속에 품다보면 점차 성공이 그 모양을 갖춰나가게 되며 곧 현실로 나타나게 됩니다. 그리고 망설임이나 불안감을 절대 끌어들이지 않는 것이 중요합니다. 그러한 파괴적인 힘을 당신의 생각과 연결짓지 않도록 합시다. ●

> 우리에게는 자신을 도와줄 만한 것들을 끌어들일 수 있는 힘이 있습니다. 그 눈에 보이지 않는 조용한 힘은 일단 움직이기 시작하면 반드시 어떤 성과를 가져다줍니다.

chapter 72

날마다 성공의 이미지를 그리다보면
곧 현실로 나타나게 된다.

●

건축가는 집을 설계할 때 우선 멘탈 이미지부터 그리고, 그 이미지로부터 실제 집이 탄생합니다. 그 어떤 일이나 사업도 먼저 마음속에서 창조되어야만 합니다.

내 지인 가운데 13센트를 밑천으로, 사회적인 신용은 1달러만큼의 값어치도 없는 상태에서 사업을 시작한 남자가 있습니다. 그는 10년 만에 그 회사를 막대한 이익을 올리는 대기업으로 키워냈습니다. 그는 자신을 성공으로 이끈 것이 두 가지 있다고 합니다. 하나는 꼭 성공하겠다고 하는 신념, 그리고 또 하나는 죽기 살기로 일한 것입니다.

이번 고비는 못 넘기겠다는 생각을 할 때도 있었습니다. 그럴 때면 그가 파산할 거라 생각한 채권자들이 운이 좋으면 반이라도 회수할 수 있겠다는 생각에 우르르 몰려왔습니다. 하지만 그는 회사가 잘 돌아가고 있는 것처럼 보이면서 지불시기를 지연시켰던 것입니다.

  무슨 일이 있어도 이만한 금액이 꼭 필요하다고 할 때는 그는 반드시 그만한 돈을 준비했습니다. 거액의 돈을 받을 일이 있을 때는 채무자로부터 몇 월 몇 일 언제까지 꼭 받아내야겠다고 굳게 결심했고, 그러면 실제로 그렇게 되었습니다. 연장한 지불기한의 마지막 날, 마지막 우편으로도 수표가 도착되지 않는 경우도 있었지만, 내일은 고객의 누군가로부터 반드시 수표가 올 것이다, 라는 희망 아래 자신의 지불 수표를 발송하곤 했습니다.

  '저 사람에게서 수표가 온다'라는 생각에 집중함으로써, 상대를 실제로 그렇게 하게 만드는 힘에 대한 신념 이외에는 아무런 근거도 없었지만, 그의 기대를 저버리는 경우는 거의 없었습니다.

  필요한 노력에 집중하기만 하면 당신이 모르는 힘의 원천이 당신에게 큰 도움을 주는 것입니다. ●

> 건축가는 집을 설계할 때 우선 머릿속에 이미지부터 그리고, 그 이미지로부터 실제 집이 탄생합니다. 그 어떤 일이나 사업도 먼저 마음속에서 창조되어야만 합니다.

용기란 공포에 대한 저항이고,
공포를 극복하는 것이다.
단, 공포를 잊어버리는 것은 아니다.

마크 트웨인

LESSON 17

집중력이 이념을 키운다

73 당신의 행복이나 성공도 당신의 이념에 의해 좌우된다.

74 이 세상에 당신이 의지할 수 있는 것은 오직 당신 자신밖에 없다.

chapter **73**

당신의 행복이나 성공도
당신의 이념에 의해 좌우된다

●

우리는 집중을 통해 자신의 이념의 형태를 만들어나갑니다. 당신의 장래를 결정하는 것은 바로 당신이 지금 그 모양을 만들고 있는 이념입니다. 그러니 당신의 현재를 결정한 것은 당신이 과거에 가졌던 이념인 셈입니다. 즉, 밝은 미래를 원한다면 오늘 이를 위한 준비를 시작하지 않으면 안 된다는 것입니다.

자신이 상처를 줄 수 있는 사람은 자신뿐입니다. 비록 표면적으로는 타인에게 상처를 준 것처럼 보이기는 하나, 실은 자신에게 상처를 주고 있는 것입니다. 사람들이 그 사실만 깨닫는다면 이 세상이 얼마나 많이 변하게 될까요.

사람은 날씨처럼 쉽게 변하는 존재라고들 합니다. 즉, 사람의 이념은 변질되기 쉽다는 뜻입니다. 당신의 이념이 바뀔 때마다 당신의 사고방식 또한 바뀝니다. 그렇게 되면 당신은 파도 사이를 떠돌아다니는, 키가 망가진 배처럼 돼버리고 맙니다. 당신의 소망이 실현될 때까지 그 이념을 버리지 않고 버티는 것은 매우 중요한 일입니다.

당신이 아침에 일어나 오늘은 무슨 일이 있어도 화를 내지 않아야겠다고 결심을 했다고 합시다. 이것은 '진정한 강인함과 평정심을 지닌 사람'이라는, 당신에게 있어서의 이념과도 같습니다. 그런데 뭔가 당신의 신경을 심하게 거슬리게 하는 일이 일어나 당신은 격분하게 됩니다. 그 동안은 당신은 자신의 이념을 망각한 상태가 돼버리고 맙니다.

만약 아주 잠깐만이라도 시간을 내서, 과연 평정심을 잃지 않는 사람이라면 이럴 때 어떤 태도를 취할까를 생각한다면 화를 내는 일도 없어질 것입니다. 사람은 이념을 잊게 됐을 때 평정심을 잃어버립니다. 우리는 자신의 이념을 좌절시킬 때마다 의지력 또한 약화시키고 있는 것입니다. 이념을 확실히 지켜내야만 의지력이 커집니다. ●

당신의 장래를 결정하는 것은 바로 당신의 이념입니다. 당신의 소망이 실현될 때까지 그 이념을 버리지 않고 버티는 것은 매우 중요한 일입니다.

chapter 74
이 세상에 당신이 의지할 수 있는 것은 오직 당신 자신밖에 없다

•

인생의 길은 끊임없이 이어지고 있습니다. 그 길을 즐기면서 걸어갈 수도 있는가 하면 초라한 기분으로 걸어갈 수도 있습니다. 그것을 결정하는 것은 어디서부터 올지 알 수 없는 잔잔한 속삭임을 우리가 어떻게 마음에 받아들이느냐에 달려있습니다.

그 속삭임은 귀로는 들을 수 없습니다. 고요함 속에 마치 꿈처럼 찾아옵니다. 당신이나 나뿐만 아니라 모든 사람에게 찾아옵니다. 이런 식으로 해서 숭고한 생각들이 우리에게 보내지는 것이며, 이를 활용하느냐 악용하느냐는 전적으로 우리에게 달려있습니다. 자신의 내면을 들여다보기만 하면, 실현되기를 기다리는 밝고 빛이 나는 비전이 지금 이 순간부터 당신의 것이 되는 것입니다.

끈기 있게, 확실히 집중해서 생각할 수 있는 시간을 몇 시간 정도 할애합시다. 자기자신에 대해서, 그리고 자신의 나약함에 대해서 생각해보십시오.

벽 너머로 갈 수 있으면 좋을 텐데,라는 생각만 가지고는 그 누구도 그 벽을 넘을 수 없습니다. 즉, 단조롭고 지루한 일상의 반복에서 벗어나고 싶다는 소망만 가지고서는 그곳에서부터 벗어날 수 없다는 것입니다. 실제로 벽을 넘어야만 합니다.

만약 당신이 같은 자리에 머물고 있거나 뒤로 물러서 있다면 뭔가 잘못되고 있는 징조입니다. 무엇이 잘못 됐는지를 밝혀내는 것은 바로 당신 몫입니다. 자신이 무시당하고 있다거나, 누구도 이해해주지 않는다거나, 아무도 고마워하지 않는다는 생각은 하지 마십시오. 그것은 실패하는 사람들의 사고방식입니다. 당신이 부러워하는 것을 소유한 사람은 그것을 손에 넣기 위해 그만한 노력을 했다는 사실을 꼭 생각해보아야 합니다. 스스로에게 동정하지 말고 비판합시다.

이 세상에 당신이 의지할 수 있는 것은 오직 당신 자신밖에 없다는 사실을 잊으면 안 됩니다. ●

'자신은 무시당하고 있다, 누구도 이해해주지 않는다, 아무도 고마워하지 않는다' 이것은 실패하는 사람들의 사고방식입니다.

직원들은 관리자가 대우하기에 달렸다.
지금 현재의 수준대로만 취급한다면
그들은 계속 그 수준에 머물러 있을 것이지만,
그들이 될 수 있는 가능성의 수준으로
대우한다면
그들은 성장하여
잠재가능성을 실현할 것이다.

제임스 헤링턴

LESSON 18

마음가짐과 성공과의 관계

75 회사가 성공할 수 있느냐 없느냐는 종업원들의 결속 정도에 비례한다.

76 상대를 성공으로 이끄는 직선적이고 긍정적인 메세지를 발신하자.

77 미래의 비즈니스에서는 실력주의 정신이 필요하다.

78 마음가짐과 성공은 우리가 생각하는 것 이상으로 깊은 관계가 있다.

chapter 75
회사가 성공할 수 있느냐 없느냐는
종업원들의 결속 정도에 비례한다

●

　최근에 발명가들의 모임에 참여할 수 있는 기회가 있었습니다. 그 자리에서 멤버들 한 명씩 장래에 실현될 수 있다고 생각되는 것에 대해 짧은 연설을 했습니다. 모두 우리 생활에 필요한 것들이었습니다. 어떤 발명가는 무선전화의 가능성에 대해 얘기를 했습니다. 가까운 미래에 거리는 더 이상 문제가 되지 않게 될 것이라고 그는 말했습니다.
　몇 천 킬로미터씩이나 떨어진 바다의 수심 70미터까지 들어간 잠수함의 승무원과 통화할 수 있는 날이 그렇게 멀지 않았다고 하는 것입니다.
　그는 이야기를 마치고 나서 '이런 일은 불가능하다고 생각되시는 분 안 계십니까?' 라고 물어봤습니다. 손을 드는 사람은 아무도 없었습니다. 멤버들이 그를 배려하는 마음에 반론하지 않았던 것이 아니라, 출석했던 전원이 그의 예측이 장래에 실현될 것이라는 것을 믿어 의심치 않았던 것입니다.

　그 중에는 뛰어난 천재도 있었습니다. 그런 우수한 사람들이 한 사람도 예외 없이 몇 천 킬로미터나 떨어진 사람과 매체를 통하지 않고 이야기를 나눌 수 있는 날이 온다고 생각한 것입니다. 그런 멋진 기계를 만들 수 있다면 정신력을 통제하여 사람과 사람 사이에 메시지를 전달하는 일도 가능하지 않겠습니까?

　어느 회사에서나 주변에 무언(無言)의 메시지를 발신하는 능력이 뛰어난 사람을 서로 채용하려고 하는 날이 머지않아 올 것입니다. 그들이 발신하는 영향력은 매우 강하며, 어느 정도까지는 종업원을 통제하는 것이 가능합니다. 때문에 이제부터는 정신력을 이용해 원하는 것을 손에 넣고, 도움이 될 만한 힘은 모두 끌어들이며, 종업원이나 친구들에게 자신의 제안을 보내는 일들이 점점 늘어날 것입니다. 상대는 메시지를 받았다는 사실을 의식하지는 못하지만, 당신의 개성이 더 강하다면 말로 직접 전했을 때와 마찬가지로 그 제안을 실행해줄 것입니다.

　사실 이것은 지금도 실제로 이루어지고 있습니다. 제대로 조직화된 회사는 종업원이 한 사람 한 사람 다른 일을 하고는 있어도, 모두가 최고의 결과를 창출하기 위해 일하고 있습니다. 수준 높은 일을 하고자 하는 기개가 사내에 넘치고, 누구나 전력을 다해야 한다고 느끼게 됩니다. 이런 환경에 있다보면 누구든지 최선을 다해서 일하지 않을 수 없게 될 것입니다.

회사가 성공할 수 있는 정도는 모든 종업원들이 하나의 목표로 결속되는 정도와 비례합니다. 그리고 지향하는 결과를 향해 모두를 이끌어줄 사람을 적어도 한 사람 정도는 필요로 하게 됩니다. 그는 아랫사람들에게 구체적으로 업무 추진방식을 지시할 필요까지는 없지만, 그들을 통제하기 위한 정신력을 소유하고 있지 않으면 안 됩니다. ●

제대로 조직화된 회사는 종업원이 한 사람 한 사람 다른 일을 하고는 있어도, 모두가 최고의 결과를 창출하기 위해 일하고 있습니다.

chapter **76**

상대를 성공으로 이끄는
직선적이고 긍정적인 메시지를 발신하자

●

　우리는 자신의 성공만을 추구해서는 안 됩니다. 누군가 친구나 친척들의 성공여부가 걱정된다면 그 사람이 성공하는 모습을 떠올려봅시다. 당신이 그 사람이 올라갔으면 하는 자리에 바로 그 사람이 앉아 있는 모습을 상상하십시오.
　만약 그 사람에게 어떤 약점이 있다면 그것을 극복할 수 있도록 도와줍시다. 그 사람의 부정적인 면에서 생겨나는 단점이 있다면 긍정적인 면이 그것을 대신하는 장면을 머릿속에 그려보십시오. 매일 정해진 시간에 건설적인 생각을 그 사람을 향해 보내도록 합시다. 그렇게 하면 그 사람의 정신적 힘이 활동을 시작하고, 각성된 힘은 점점 그 모습을 나타내기 시작할 것입니다.
　상대를 성공으로 이끄는 직선적이고 긍정적인 메시지를 발신함으로써 보통 사람들에겐 도저히 믿어지지 않을 정도의 많은 일들을 해낼 수 있습니다. 단, 그 상대가 성공할지 못할지의 여부는 받아들인 메시지에 기초해서 그 사람이 어떻게 행동하느냐에 달려 있습니다.

사람은 전진하거나 후퇴하거나 둘 중의 하나밖에 못합니다. 같은 자리에 머문다는 건 있을 수 없습니다. 뭔가를 이뤄낼 때마다 보다 더 큰 일을 해낼 수 있는 능력을 터득하게 됩니다. 더 큰 일을 하려고 할수록 미래에 할 수 있는 일 역시 커지는 것입니다.

회사가 성장함에 따라 그 최고경영자 또한 성장할 필요가 있습니다. 앞으로 전진하면서 늘 사람들을 끌어들이며 영향력을 끼치지 않으면 안 됩니다. 그런 사람은 자신과 관련된 사람들에게 자신감을 불러일으킵니다.

몇 가지 점에 있어서 고용주보다 뛰어난 소질을 가진 종업원이 있는 것은 그렇게 드문 일은 아닙니다. 만약 그들이 자신의 소질을 대충대충 다루지 않고 그것을 늘리려는 노력을 기울였다면 지금쯤은 다른 사람을 고용하는 입장이 되어 있었겠지요. 그리고 분명 지금 자신을 고용하고 있는 경영자보다도 훨씬 영향력 있는 고용주가 되어 있었을 것입니다.

당신은 정신적 힘을 통해 다른 사람 안에 열의와 성공을 향한 패기를 심어놓을 수 있습니다. 그리고 그들은 그 패기를 원동력 삼아 의의 있는 일들을 달성하는 것입니다.

사람이 정신력을 통제하는 데 집중을 하면 육체적인 힘보다도 영향력이 강한 힘이 생겨납니다. 그럴 때 사람의 정신력에는 다른 힘들을 통제하고, 인도하고, 지배할 수 있는 힘이 있다는 사실을 깨닫게 됩니다. 즉, 원하는 것을 얻을 수 있는 정신상태가 되었다는 것입니다.

우리는 모두, 제 아무리 강한 사람이라 하더라도, 환경에 영향을 받습니다. 마음은 그 장소가 가진 힘으로부터 도망칠 수는 없는 것입니다. 직장환경이 바람직한 환경이 아니라면 당신에게 도움이 되지 않습니다. 직장이 바뀌자 일을 잘하게 된 사람이 많은 것은 이것이 그 이유입니다.

사람은 누구나 고독하게 살아선 안 됩니다. 자신의 생각 속에만 갇혀 살면 정신적인 기아상태에 빠지게 됩니다. 마음이 좁아지고 정신적 힘은 쇠약해집니다. 같은 또래 아이들과 놀지 않고 어른들하고만 접하는 아이는 어른들이 하는 일을 하게 되지요. 자신보다 젊은 사람들과 접하는 어른들도 마찬가지로 젊은 정신이 몸에 배게 됩니다. 젊음을 유지하고 싶다면 젊은 사람들로부터 영향을 받는 것이 중요합니다. '먹을 가까이 하면 검어진다(近墨者黑)'는 말은 세계 어디를 가나 똑같습니다. ●

우리는 자신의 성공만을 추구해서는 안 됩니다. 당신의 정신적 힘을 통해 다른 사람 안에 열의와 성공을 향한 패기를 심어놓을 수 있습니다.

chapter 77
미래의 비즈니스에서는
실력주의 정신이 필요하다

●

우리 인생에서 생각이라는 요소는 큰 역할을 맡고 있습니다. 어떤 회사든 종업원에게 육체적인 노력뿐 아니라 사고면의 노력도 하게 해야 합니다. 즉, 사내에서는 종업원들이 같은 방향의 가치관을 갖도록 하지 않으면 안 됩니다.

이것은 서로 공감대를 가지지 않으면 전혀 불가능한 일입니다. 이 공감대가 형성됐을 때에야 비로소 완벽한 조직이 되며, 모두 한 결과를 향해 움직일 수 있게 되는 것입니다. 이와 같은 회사에서는 종업원들이 개인단위로 움직이는 것이 아니라, 각자가 큰 자동차 바퀴의 바큇살로서 존재합니다. 각자가 자신의 할당량을 감당하고 게으름을 피우고자 하는 생각 따윈 하지도 않습니다. 그런 분위기 속에서 일을 하면 누구나 최고의 작업을 하지 않을 수 없을 것입니다.

뛰어난 지도자에게는 이 협동정신을 사람에게 불어넣을 수 있는 역량이 필요 불가결합니다.

　당신의 회사가 올바른 정신으로 운영되고 있다면 당신의 생각과 아이디어를 모든 종업원들에게 전할 수 있습니다. 당신의 방식과 아이디어가 그들 것이 되는 것입니다. 그들은 스스로는 느끼지 못하지만 당신의 정신적인 힘이 그들의 업무를 형성하고 있는 것입니다. 그것은 현존하는 그 어떤 육체적인 힘보다도 확실한 성과를 가져다줄 것입니다.

　미래의 사업가들은 종업원들이 보다 나은 생각을 하고, 보다 나은 판단을 내릴 수 있도록 노력하게 될 것입니다. 종업원들이 낙담하거나 의욕을 상실하지 않으며, 시간을 쓸데없이 낭비하지 않고, 고용하는 입장이나 고용되는 입장이나 모두에게 이익을 가져다줄 수 있는 일에 집중할 수 있도록 강하게 소망해야 합니다. 미래의 비즈니스에서는 실력주의의 정신이 지금보다도 더욱 많이 수용될 것입니다. ●

> 종업원들끼리 진심에서 우러나오는 공감대를 느끼면서 작업을 하게 되면 서로에 대한 이해도 깊어질 것입니다. 이 공감대가 형성됐을 때에야 비로소 완벽한 조직이 되는 것입니다.

chapter **78**

마음가짐과 성공은
우리가 생각하는 것 이상으로
깊은 관계가 있다

●

  많은 기업들이 한 번도 일해 본 경험이 없는 백지 상태의 사람을 고용하고 싶어 합니다. 그들은 훈련되지는 않았지만, 다른 관점에서 보면 비즈니스에 대한 잘못된 지식이나 악습이 없다고 해석할 수도 있습니다. 몸에 밴 것이 아무 것도 없기 때문에 지도하기 쉬우며, 새로운 방식도 원활하게 이해할 수 있습니다. 그들은 금세 올바른 길을 걸어가며 협동적인 태도로 업무에 임하기 때문에, 회사에서는 이미 완성된 방식을 배우게 하기 위해 정신적인 지원을 하게 됩니다. 바로 이것이 그들 안의 자신감을 불러일으켜 능력을 키우게 되며, 곧 그들은 유능한 종업원이 되는 것입니다.
  오늘날의 대기업들은 거의 대부분이 「효율의 전문가」를 고용하고 있습니다. 그들은 매일, 혹은 매주 다른 부서를 돌면서 지도를 합니다. 기업들이 큰 돈을 지불하는 그 사람들은, 오랜 세월에 걸쳐 숙성시키고 완성시킨 방식으로, 경험이 전무하다시피 한 인재들에게 철저하게 일을 가르치는 전문가들이기 때문입니다.

　마음가짐과 성공과의 관계는 우리가 생각하는 것 이상으로 깊은 것입니다. 따라서 우리에게 도움이 될 만한 마음의 힘을 키우는 일이 요구됩니다. 올바르게 통제되고 표현된 생각 속에는 멋진 힘이 존재하며, 그 힘은 집중력을 가지고 최대한 높은 데까지 끌어올려야 합니다. ●

마음가짐과 성공은 매우 관계가 깊습니다. 올바르게 통제되고 표현된 생각 속에는 멋진 힘이 존재하며, 그 힘을 집중력을 가지고 최대한 높은 데까지 끌어올려야 합니다.

사람이 사람답게 살 수 있는 것은
오직 의지에서 나온다.
물그릇이 있어야 물을 뜰 수 있다.
의지력이란 바로 그 물그릇인 것이다.

레오나르도 다 빈치

LESSON 19

집중력으로 키우는 강한 의지

79 운동으로 근육을 단련하듯이 「강한 의지」 역시 단련할 수가 있다.

80 의지력은 자기자신을 알고 스스로를 단련하지 않고서는 손에 넣을 수 없다.

81 중요한 것은 능력이 아니라 하고자 하는 의지다.

82 추진력이라는 「힘」이 존재하기 때문에 사람들은 훌륭한 일을 해낼 수 있다.

chapter 79

운동으로 근육을 단련하듯이 「강한 의지」 역시 단련할 수가 있다

●

　당신이 '강한 의지력을 키우고 싶다'고 바라기만 하면 키울 수 있습니다. 당신의 의지를 미지의 힘을 끌어들이기 위한 발전기로 삼는 것입니다. 여기서 소개해드리는 트레이닝을 실행하면 운동으로 근육을 단련하듯이 의지력을 단련할 수가 있습니다.

　무슨 일을 하든지 초보적인 원칙부터 들어가는 것이 중요합니다. 따라서 이번 트레이닝도 간단한 것입니다. 집중력의 트레이닝을 통해 정신을 단련함으로써 최종적으로 어느 정도의 효과를 기대할 수 있는지 예측하기란 사실 불가능한 일입니다. 지극히 간단한 트레이닝도 그 효과를 가볍게 여겨서는 안 됩니다.

　이번 트레이닝을 성공적으로 마치기 위해서는 진지하게 임할 필요가 있습니다. 나는 의지력의 단련법을 가르쳐드릴 수는 있지만, 성공할 수 있을지 없을지의 여부는 당신이 이 방법을 제대로 터득해서 얼마나 활용할 수 있느냐에 달려있습니다.

트레이닝 준비

누구에게도 방해받지 않는 조용한 방을 골라 시간을 재기 위한 시계와 관찰한 내용을 적을 수 있는 「기록노트」를 준비합니다. 모든 트레이닝은 날짜와 시간을 기입하는 일부터 시작합시다. 4일째부터 6일째까지의 《기록노트 기입사례》를 참고로 해서 기록을 적어주십시오.

트레이닝 1 문 손잡이를 이용한 훈련

> 첫째 날 _ 10:00 PM

우선 시간을 정합니다. 하루 가운데 지장이 없는 시간으로 정하십시오. 여기서는 일단 오후 10시로 하겠습니다. 의자에 앉아 문 손잡이를 10분간 바라봅니다. 그 다음에 그 10분 동안에 경험했던 일들을 적어봅시다. 처음에는 부자연스럽고 묘한 느낌이 들것입니다. 같은 자세를 10분 동안 계속 취하는 일은 어렵습니다만, 가급적 움직이지 않도록 하십시오. 그렇지 않으면 생각이 문 손잡이를 떠나 방황하게 되고, 당신은 분명 이 트레이닝에 과연 무슨 의미가 있을까하고 의심하게 될 테니까요.

이 트레이닝을 6일 동안 반복해주십시오.

> 둘째 날 _ 10:00 PM

　어제에 비해 가만히 앉을 수 있는 것, 그리고 시간이 빨리 지나는 것이 목표입니다. 의지력을 제어할 수 있는 요령을 조금씩 알게 되면서, 스스로가 조금 강해진 듯한 느낌이 들겠죠. 결심을 지켜냈다는 사실로 인해 의욕이 솟아날 것입니다.

> 셋째 날 _ 10:00 PM

　아주 바쁜 하루를 보냈다면 당신의 생각은 오늘 했던 일들을 자꾸 뒤돌아보려고 할지도 모르겠군요. 그럴 때는 문 손잡이에 집중하기 힘들겠지만 포기하지 않고 계속하다보면 쓸데없는 잡생각들은 모두 지워버릴 수 있습니다.
　그러면 당신은 의지력을 제어하는 힘을 더 갖고 싶다는 욕구를 느끼게 되겠지요. 자신의 의지를 관철하게 됐을 때 자신을 향해 어떤 힘이 찾아오는 느낌을 받을 것입니다.

> 넷째 날 _ 10:00 PM

《기록노트 기입사례》
「저는 문 손잡이를 바라보고는 곧바로 주의를 문 손잡이에 집중시킬 수 있습니다. 다리도 움직이지 않게 되었습니다. 저는 제가 하고 싶은 일을 할 수가 있고, 다른 사람에게 지시받지 않아도 할 수 있다고 확신하기 때문에 문 손잡이 이외의 생각이 머릿속에 들어오려고 하질 않습니다. 정신적인 강인함이 더해가는 것을 느끼며, 자신의 의지력의 주인이 된다는 것이 얼마나 값진 일인가를 깨닫게 되었습니다. 지금의 저라면 결심한 일은 반드시 지켜낼 수 있습니다. 스스로에 대한 자신감이 커지고 셀프컨트롤도 잘 돼가고 있는 것이 느껴집니다.」

(다섯째 날 _ 10:00 PM)

《기록노트 기입사례》

「저의 집중력은 나날로 그 힘을 더해가는 것 같습니다. 제가 원하는 것이라면 무엇이든지 주의를 집중시킬 수 있다는 걸 느낍니다.」

(여섯째 날 _ 10:00 PM)

《기록노트 기입사례》

「저는 의자에 앉는 즉시 모든 주의력을 문 손잡이에 집중시킬 수 있습니다. 이제 이 트레이닝은 완전히 마스터했기 때문에 슬슬 다른 트레이닝으로 옮기겠습니다」

자, 이제 여기까지 왔다면 이 트레이닝의 목적은 충분히 달성했습니다. 단, 다른 트레이닝으로 옮기기 전에 마음과 의지의 충동적인 작용을 얼마나 잘 제어할 수 있게 됐는지 간단히 적어보세요. 이것도 훌륭한 훈련이 됩니다. 마음이 보여주는, 멋지고도 신기한 작용에 주의를 기울이는 일만큼 마음의 단련이 되는 일은 없습니다.

트레이닝 2 트럼프 카드를 이용한 훈련

카드 한 세트를 준비합니다. 그리고 이 트레이닝을 할 시간을 정해주십시오. 매일 그 시간에, 한 손에 카드 전부를 들고 규칙적인 동작으로 가능한 한 천천히, 한 장씩 뒤집어서 쌓아갑니다. 카드는 최대한 잘 겹치게 해서 아래에 있는 카드가 완전히 감춰지도록 덮어주세요. 이 트레이닝을 6일 동안 반복합니다. 4일째부터 6일째까지의 《기록노트 기입사례》를 참고로 합시다.

> 첫째 날 _ 10:00 PM

첫날은 단조롭고 지루한 작업처럼 느껴질 겁니다. 모든 카드를 앞에 있는 카드가 완전히 감춰지게끔 두려면 매우 강한 집중력이 요구됩니다. 아마도 더 빨리 카드를 덮어버리고 싶은 충동이 생길 겁니다. 천천히 덮는 데는 인내력을 요구하지만, 그렇게 하지 못한다면 이 트레이닝의 의미는 사라지게 됩니다.

처음에는 성급하고 어색한 동작이 되겠죠. 손과 팔을 자기 뜻대로 통제할 수 있게 되기까지는 약간의 연습이 필요합니다. 이렇게 조용한 동작으로 무슨 일을 해보는 건 아마 이번이 처음이지 않나요? 당신의 의지의 주의력을 모두 집중시켜야만 합니다. 하지만 지금까지 경험했던 적이 없는 고요함이 자기 것이 되가는 걸 틀림없이 느끼실 겁니다. 당신은 서서히 새로운 힘을 손에 넣고 있는 것입니다. 자신이 그 동안 얼마나 충동적이고 침착하지 못했는지, 그리고 의지력을 사용함으로써 어떻게 다혈질적인 성격을 제어할 수 있는지를 확실히 이해하시게 될 겁니다.

> 둘째 날 _ 10:00 PM

카드를 놓는 속도가 느려지기 시작합니다. 연습하면 빨리 둘 수 있게 된다는 건 알고 있습니다. 하지만 당신은 천천히 두고 싶은 만큼 자신을 관찰하지 않으면 안 됩니다. 차분하고 느린 동작은 피곤합니다. 서두르고 싶은 욕망을 이길 필요가 있습니다. 조만간 속도를 올리는 것도 늦추는 것도 당신 뜻대로 할 수 있는 상태에 분명 이르게 될 것입니다.

> 셋째 날 _ 10:00 PM

아직 천천히 두는 것이 어렵게 느껴지실 겁니다. 당신의 의지는 빨리 움직이라고 당신을 재촉할 겁니다. 당신이 충동적인 타입이라면 더더욱 그럴 것입니다. 충동적인 사람은 무슨 일이든 천천히, 신중하게 하는 일에 서투릅니다. 성격에 맞지 않는 것입니다. 하지만 한 번 해내면 아주 기분이 좋아진다는 걸 알게 될 것입니다. 자기가 하고 싶지 않은 일임에도 불구하고 훌륭히 해냈다고 하는 경험이, 내키지 않는 일에도 집중할 수 있는 방법을 가르쳐 주는 것입니다. 이런 일들을 메모해두면 아주 큰 도움이 될 겁니다.

> 넷째 날 _ 10:00 PM

《기록노트 기입사례》

「저는 카드를 아주 정확하게 둘 수 있게 되었습니다. 하지만 아래 있는 카드와 완벽하게 겹치지 않은 카드가 한 장 있습니다. 조금 주의력이 부족해지는 것 같으니 조심해야겠네요. 자신의 의지에 더욱 집중하도록 명령을 내려야겠습니다. 의지를 자신의 지배

하에 둔다는 것은 그리 어려운 일은 아닌가봅니다」

> 다섯째 날 _ 10:00 PM

《기록노트 기입사례》
「차분하지 못한 동작을 억제하고 천천히, 그리고 확실하게 카드를 둘 수 있게 되었습니다. 저는 빠른 속도로 침착함이 몸에 배고 있습니다. 나날이 자신의 의지를 통제할 수 있는 힘이 늘어가고, 의지는 저의 동작을 완전히 통제하고 있습니다. 이렇게 손에 넣은 의지력은 결코 놓치지 않을 겁니다. 이건 아주 뛰어난 트레이닝입니다. 아마 제가 과제를 달성하는데 큰 도움이 돼줄 것입니다」

> 여섯째 날 _ 10:00 PM

《기록노트 기입사례》
「저는 의지력의 멋진 가능성을 느끼기 시작했습니다. 이 트레이닝은 의지력에 대해 생각해볼 수 있는 강인함을 저에게 줍니다. 저는 예전보다도 많은 일들을 능률적으로 잘 처리할 수 있게 되었고, 자신이 의지력의 작용을 통제할 수 있다는 것을 알았습니다. 어떤 과제를 앞에 두고서도 저의 의지는 그곳에 집중시킬 수 있습니다. 그리고 그 과제를 달성할 때까지도 의지를 그곳에 계속 집중시켜둘 수 있습니다. 자기가 해야할 일을 면밀히, 그리고 명확하게 결정하면 할수록 의지는 쉽게 그것을 실행해줍니다. 결정이 의지의 추진력으로 작용해, 그로 인해 의지력이 커집니다. 의지와 목적은 상호간에 작용하는 것 같습니다」

> 일곱째 날 _ 10:00 PM

드디어 마지막 날입니다. 오늘은 무슨 일을 하든지 빨리 처리합시다. 조바심을 내거나 신경질을 부려서는 안 됩니다. 모든 일을 신속하게, 그것도 차분한 태도로 할 수 있도록 노력하십시오.

트레이닝에서 연습했던 「천천히 움직이는 동작」이 신경을 차분하게 가라앉히고, 그로 인해 스피디하게 움직이는 일도 가능해졌다는 걸 아셨을 겁니다. 의지는 당신의 뜻대로 움직입니다. 당신의 결정을 신속하게 수행하세요. 자제력은 이렇게 해서 몸에 배게 되는 것입니다. 그 결과, 인간의 신체라고 하는 기계는 주인이 내리는 명령대로 움직이게 되는 것입니다.

자신을 관찰해서 보고서를 씀으로 인해 얼마나 큰 효과가 있는지 당신도 이제 아셨을 것입니다. 물론 여기에 들었던 예와 완전히 똑같은 경험은 하진 않겠지만, 그 중에 몇 가지는 분명히 당신에게도 해당이 될 겁니다.

트레이닝 중에 자신이 경험하는 일을 주의 깊게 관찰하고, 가능한 있는 그대로 기록해주십시오. 그때 당시의 기분을 느낀 그대로 쓰는 겁니다. 공상으로 기록을 각색하거나 하면 의미가 없어집니다. 당신이 본 그대로 그때의 상황을 묘사하십시오.

　몇 달인가 지나서 똑같은 트레이닝에 도전했을 때, 당신의 보고서는 훨씬 더 질이 좋아져 있을 겁니다. 이런 식으로 자기 스스로를 바라봄으로써 자신을 잘 알게 되고, 그 지식을 활용해서 예전과는 비교가 되지 않을 정도로 능률적으로 움직일 수 있게 됩니다. 보고서를 쓰는 데 익숙해짐에 따라 정확하게 기록할 수 있게 됩니다. 그리고 자신의 충동, 행동, 약점을 통제할 수 있는 방법이 서서히 몸에 배게 될 것입니다. ●

의지력의 단련법을 가르쳐드릴 수는 있지만, 성공할 수 있을지 없을지는 당신이 방법을 제대로 터득해서 얼마나 활용하느냐에 달려있습니다.

chapter 80
의지력은 자기자신을 알고 스스로를 단련하지 않고서는 손에 넣을 수 없다

●

일부러 따로 시간을 내면서까지 트레이닝을 하고 싶지는 않다는 사람도 많이 있습니다. 지금부터 하는 조언은 그런 사람들을 위한 것입니다.

당신이 뭔가를 이루기를 바라고 그것을 실현함으로써 의지는 성장해나갑니다. 따라서 당신이 많은 것을 바라면 바랄수록 의지는 성장하게 되고, 그 힘을 늘려나갈 것입니다. 의지력을 강화시키기 위해서라도 크든 작든 과제는 모두 꼭 달성해야 한다는 사실을 염두에 두십시오.

달성해야 할 목적에 의지력을 남김없이 쏟아 붓는 일을 습관화합시다. 이 방법으로 목표를 완수하는 습관, 계획을 수행하는 습관이 몸에 배게 됩니다. 눈앞에 있는 것이 무엇이든, 무조건 해낼 수 있다는 감각이 몸에 배게 된다는 것입니다. 다른 방법으로는 손에 넣을 수 없는 자신감과 힘의 감각이 당신 것이 됩니다. '무슨 일을 하기로 결심했으면 나는 반드시 그것을 지킨다. 나는 새로운 과제에는 어중간한 자세로 임하지 않을 것이며, 항상 대담·용감한 마음가짐으로 임하겠다' 이렇게 확신할 수 있게 됩니다.

  만약 기회가 생기면 그때 의지를 단련해야겠다, 이런 식으로 생각해서는 안 됩니다. 명확한 과제를 통해서가 아니라면, 정력적이며 끈기 있고 항상 도움이 되는 강한 의지를 손에 넣을 수가 없습니다. 자기자신을 알고 스스로를 단련하는 방법 말고는 그것을 실행할 수가 없습니다. 노력과 시간, 인내라는 대가를 지불해야 하지만 그만큼 보상이 따릅니다. 의지력을 단련할 수 있는 마법 같은 방법이란 없습니다. 하지만 의지력의 훈련을 실행하다보면 자제심, 인간적인 힘, 활력에 찬 인격이 당신 것이 되는 기적이 일어날 수는 있습니다. ●

당신이 뭔가를 이루기를 바라고 그것을 실현함으로써 의지는 성장해나갑니다. 따라서 당신이 많은 것을 바라면 바랄수록 의지는 성장하게 되고, 그 힘을 늘려나가게 될 것입니다.

chapter 81
중요한 것은 능력이 아니라
하고자 하는 의지다

●

　지금은 적성에 대해 많이 다루고 있는 시대입니다. 사람의 적성이나 힘의 일부를 상당한 수준으로까지 끌어올릴 수는 있을지 모릅니다. 하지만 모든 잠재적인 힘이 최대한 높은 수준으로까지 끌어올려지기 전에는 그 사람의 소질은 미지인 상태입니다. 어떤 분야에서는 실패해도 다른 분야에서는 대성공을 거두는 경우도 있는 법입니다.

　성공한 사람 중에도 처음에 시도했던 일을 성공하지 못했던 사람이 많이 있습니다. 그들은 그것을 발판 삼아 다른 방향으로 노력하여 이익을 올리고 더욱 더 상승한 것입니다.

　무슨 일을 할 때든 우리가 해야 할 일은 '자신의 능력을 최대한 높이고, 최고의 가능성을 끄집어내기 위해 노력하자'는 생각을 불러일으키는 것입니다. 중요한 것은 능력이 아니라 하고자 하는 의지라는 점입니다.

그러나 세상에는 유능한 인재들로 넘쳐나지만, 솔선해서 모든 일을 정리하는 힘과 창조력이 충분하다고는 할 수 없습니다. 다시 말해 종업원은 쉽게 찾을 수 있지만, 그들을 훈련할 수 있는 사람을 찾는다는 건 쉬운 일이 아니라는 것입니다. 종업원의 능력을 각각의 적성에 맞는 분야로 분배할 필요가 있습니다. 일을 하면서 과연 어떤 식으로 에너지를 유지해나갈 것인지, 더 나아가 그 회사만의 고유한 풍토 속에서 다른 종업원들과 어떻게 협조해나가야 할 것인지도 가르칠 수 있는 사람이 필요한 것입니다. ●

성공한 사람 중에도 처음에 시도했던 일을 성공하지 못했던 사람이 많이 있습니다. 중요한 것은 능력이 아니라 하고자 하는 의지입니다.

chapter 82

추진력이라는 「힘」이 존재하기 때문에
사람들은 훌륭한 일을 해낼 수 있다

●

우리는 항상 보다 나은 행동을 촉구하는 힘이 자신의 내면에서 작용하고 있는 것을 의식할 때가 있습니다. 이 추진력이라는 「힘」이 존재하기 때문에 사람들은 뭔가 훌륭한 일을 해야겠다는 결심을 하게 되는 것입니다. 이 힘은 생각도 아니고, 감정이나 감각도 아닙니다. 그런 것들과는 전혀 다른 존재입니다.

이 추진력은 누구에게나 존재하지만, 어떤 단계까지 이르기 전에는 깨닫지 못합니다. 이 힘을 활용할 수 있는 사람은 뛰어난 인물입니다. 이것은 아무런 훈련 없이도 자연스럽게 솟아나는 것인데, 이유 없이 찾아와서는 다시 본인도 모르게 사라집니다. 우리는 이 힘의 정체를 알 수가 없습니다. 단 한 가지 알 수 있는 것은 올바르게 조화를 이룬 행동을 취할 수 있도록, 의지가 우리에게 요구하는 것을 백업하는 존재라는 사실입니다.

당신은 자기보다 더 똑똑한 사람들과 이야기를 나누고 싶어하십니까? 그리고 그들에게 자기가 알고 있는 것을 말하려고 하기보다 그들의 얘기를 들으려고 하고 있습니까?

틀에 박힌 생활에서 벗어나지 못하는 50대, 60대가 많은데, 완전연소 직전인 그들의 에너지를 폭발시킬 만한 불꽃만 찾아낸다면 누구나 그곳으로부터 벗어날 수 있으며, 세계적으로 성공한 사람들과 어깨를 나란히 할 수가 있습니다.

모든 사람이 자기자신의 문제를 숙고해서 해결해야 합니다. ●

추진력은 누구에게나 존재하지만, 어떤 단계까지 이르기 전에는 깨닫지 못합니다. 이 힘을 활용할 수 있는 사람은 뛰어난 인물입니다.

자신은 할 수 없다고 생각하는 동안은
그것을 하기 싫다고 다짐하고 있는 것이다.
그러므로 그것은 실행되지 않는다.

스피노자

LESSON 20

다시 한 번, 집중력의 소중함에 대해서

83 아무리 훌륭한 조언도 당신이 실행에 옮기지 않으면 아무런 도움도 되지 않는다.

84 기회는 모든 사람들의 문을 두드린다.

85 「오늘은 집중 못 하겠다」는 말은 절대로 하지 않는다.

86 일정한 시간 동안 오직 한 가지 대상에만 주의를 계속 기울이다보면 곧 집중력이 몸에 밴다.

87 자신이 가진 역량만큼 행복해질 수 있다.

chapter **83**

아무리 훌륭한 조언도
당신이 실행에 옮기지 않으면
아무런 도움도 되지 않는다

●

이 책을 끝맺으면서 다시 한 번 집중력의 그 헤아릴 수 없는 가치에 대해 강조하고 싶습니다. 왜냐하면 이 위대한 힘이 부족한 사람들—아니면 단련하지 않는 사람이라고 하는 게 더 정확한가요—이 일반적으로 빈곤과 불행에 허덕이며 인생의 낙오자가 되고 있는 한편, 집중력을 단련해서 활용하는 사람은 인생의 기회를 최대한으로 누리고 있기 때문입니다.

이 책의 각 레슨은 실용적인 내용이 될 수 있도록 노력했습니다. 많은 독자 분들이 그렇게 생각해주실 거라 확신하고 있습니다. 물론, 각 레슨을 그저 읽기만 해서는 별로 도움이 되지 않습니다. 실제로 트레이닝을 실행하여 당신 개인의 경우에 응용했을 때 비로소 집중의 습관이 몸에 배고 업무가 잘 돌아가면서 행복한 인생을 맞게 될 것입니다.

잊어서는 안 되는 것은 제 아무리 훌륭한 조언도 당신이 실행에 옮기지 않으면 아무런 도움도 되지 않는다는 사실입니다.

일단 책을 한 번 통독하고, 다 읽고 난 후 다시 한 번 읽어내려 가면서 괜찮다고 생각되는 아이디어가 눈에 들어오면 그것에 대해 생각을 합니다. 그것이 자신에게 응용할 수 있는 내용이라면 몇 번이든 반복해서 읽어 마음에 새겨둡니다. 이렇게 하면 읽었던 내용으로부터 도움이 될 만한 아이디어들을 골라내는 습관이 생기고, 그렇게 해서 배운 것들은 당신의 인격에 멋진 영향을 끼치게 될 것입니다.

자기 일, 생명력, 정신력을 자기 뜻대로 할 수 있는 습관이 몸에 배기 전까지는 무의식적으로, 혹은 타성(惰性)적으로 무슨 일을 할 것이 아니라 집중해서 할 것을 늘 명심하도록 하십시오.

> 잊어서는 안 되는 것은 제 아무리 훌륭한 조언도 당신이 실행에 옮기지 않으면 아무런 도움도 되지 않는다는 사실입니다.

chapter **84**

기회는 모든 사람들의 문을 두드린다

●

　위인이라 불리는 사람들의 전기를 읽다보면 그 사람을 성공으로 이끈 요인이 바로 집중하는 능력이라는 사실을 알 수 있습니다. 반대로 실패하는 사람들을 관찰해보면 집중력의 부족이 실패의 원인이라는 것을 알 수 있습니다. 또한, 한 번에 한 가지씩만 착수하면 반드시 완성할 수 있습니다. 그것이 내가 알고 있는 확실한 법칙입니다.

　어떤 일을 할 때 문제가 되는 것은 그 일에 대해 생각한다는 것입니다. 생각하지 말고 얼른 착수해버리면 그렇게 어려운 일이 아니라는 걸 금방 알게 될 것입니다. 이것은 집중력을 배우기 시작했을 때 많은 사람들이 경험하게 됩니다. 그러므로 '무조건 하겠다'는 정신으로 임하다보면 의외로 쉽게 끝나며, 실생활에서도 활용할 수 있습니다.

　'기회는 모든 사람들의 문을 두드린다'라는 말이 있습니다. 성공하는 사람은 그 노크 소리를 듣고 기회를 포착합니다. 하지만 실패하는 사람은 운도 환경도 벌써 자신을 피해 갔다고 생각합니다. 성공하지 못하는 원인이 바로 자신에게 있다는 것을 인정할 생각은 하지도 않고, 항상 다른 사람 탓으로만 돌리고 있는 것입니다.

자기 것으로 만들 수 있는 것은 자기 손에 닿는 범위 내에 있는 것뿐입니다. 그리고 이 우주에 있는 것들은 모두 우리 손에 닿는 곳에 있습니다. 당신의 잠재능력을 활용하기만 하면 뭐든지 당장 손에 넣을 수 있다는 말입니다. 당신이 '이걸 해야겠다', '이렇게 되야겠다' 이런 생각들에 집중했을 때 눈에 보이는 힘과 눈에 보이지 않는 힘 모두가 당신을 도와줄 것입니다.

집중력이 부족한 사람들은 어떤 생각을 필요한 시간만큼 마음 속에 머물게 하는 강한 의지력이 부족합니다. 만만치 않은 라이벌을 만났을 때는 항상 '어느 누구도 나보다 강한 의지력을 가진 사람은 없다' 이런 생각을 갖고 임하도록 합시다. ●

'기회는 모든 사람들의 문을 두드린다' 라는 말이 있습니다. 성공하는 사람은 그 노크 소리를 듣고 기회를 포착합니다.

chapter 85
「오늘은 집중 못 하겠다」는 말은
절대로 하지 않는다

●

세상에는 '나는 못 한다' 라고 생각하는 습관이 밴 사람들이 있는데, 그런 사람들은 실패합니다. '나는 할 수 있다' 라고 생각하는 사람이 성공합니다. '나는 못 한다' 그룹에 낄 것인지, '나는 할 수 있다' 그룹에 낄 것인지, 그것을 결정하는 것은 바로 당신이라는 사실을 잊어선 안 됩니다. 마음을 어떻게 먹고 임하든 요구되는 노력의 양은 똑같습니다.

많은 사람들이 범하는 잘못은, '나는 못 한다' 라고 할 때 사실은 '해볼 생각이 없다' 라고 하는 것과 같다는 사실을 모르고 있다는 것입니다. 자신이 무엇을 할 수 있는지는 해보지 않고서는 알 수 없는 법입니다.

'나는 집중할 수 없다' 라는 말은 하지 마십시오. 그것은 '나는 집중하기를 거부하겠습니다' 라는 말과 같기 때문입니다.

오늘 밤 잠자리에 들기 전에 이렇게 반복해보십시오. '저는 저

스스로 무엇을 생각할지 선택하고, 제가 정한 시간 동안 그 생각을 계속 마음에 품겠습니다. 제가 선택한 생각을 약화시키거나 방해할 만한 생각들은 모조리 차단할 것입니다. 저의 의지력은 결코 다른 사람에게 뒤지지 않습니다'

다음 날 아침 출근할 때에도 이 말을 되뇌십시오. 한 달간 계속 하다보면 지금보다 더 스스로에 대한 자신감이 솟아날 것입니다. 이것이 성공할 수 있는 요령입니다. 늘 철저하게 지켜주십시오. 집중력이란 곧 뭔가를 하고 싶어하는 의지, 그 이외에 아무 것도 아닙니다.

자신의 마음을 통제할 수 있을 때 비로소 스스로의 가능성에 대해 눈을 뜨게 됩니다. 그리고 그 이전에는 무의식적으로 하던 일들을 의식적으로 하게 됩니다. 그렇게 함으로써 자신이 저지르는 잘못들을 깨닫고, 악습을 끊게 되며, 자신의 행동을 완전히 파악할 수가 있게 되는 것입니다.

집중하자! 이렇게 말한 순간부터 집중할 수 있습니다. 만약 산만해진다면 그것은 당신의 책임입니다. 당신이 자신의 의지를 충분히 다루지 못하고 있다는 증거입니다. ●

'나는 못 한다' 그룹에 낄 것인지, '나는 할 수 있다' 그룹에 낄 것인지, 그것을 결정하는 것은 바로 당신이라는 사실을 잊어선 안 됩니다.

chapter 86

일정한 시간 동안 오직 한 가지 대상에만
주의를 계속 기울이다보면
곧 집중력이 몸에 밴다

●

충실하고 행복한, 값진 인생을 보내기 위해서는 집중력이 필요하다는 사실 그리고 그것을 위한 트레이닝과 필요한 조언도 알려드렸습니다. 이제부터는 당신 하기 나름입니다. 지금의 당신에게 있어 최고의 이념을 갖도록 하고, 또 그 이념을 지키며 키워나가는 것이 당신이 해야 할 일입니다. 쓸데없는 것을 읽으면서 시간을 낭비하지 마십시오. 좋은 자극이 될 만한 것들을 골라서 읽고, 스스로를 향상시키고 훌륭한 생각을 가진 사람들과 어깨를 나란히 합시다. 그들의 강한 정신력이 당신을 자극하여 계몽시켜줄 것입니다.

읽고 있는 내용에 집중해서 천천히 읽을 수 있도록 유의하십시오. 당신의 영혼과 지은이의 영혼이 교감하게 되면 말로는 표현할 수 없는 멋진 것들을 글과 글 사이에 느낄 수 있게 됩니다.

일정한 시간 동안 오직 한 가지 대상에만 주의를 계속 기울이다보면 곧 집중력이 몸에 배게 됩니다. 목적을 이루기 전까지 항상 그 생각이 머리에서 떠나지 않게 합시다. 일을 할 때는 눈앞에 있는 업무에 똑바로 마음을 고정시키십시오. 입을 열기 전에 우선 곰곰이 생각을 해보고, 이야기하고 있는 내용에 대해서 자기 생각을 말할 수 있도록 하십시오. 막연하게 이야기해서는 안 됩니다. 천천히, 차분하게 그리고 일관성 있게 대화를 해야 합니다.

조급하게 일을 서두르지 말고 모든 일에 신중을 기합시다. 손가락 하나, 한쪽 눈꺼풀조차 움직이지 않을 만큼 차분한 태도를 취할 수 있도록 유의하십시오. 같은 주제를 가지고 일관되게 다루고 있는 책을 읽어야 합니다. 얼마 동안 가만히 앉아 한 가지 일을 얼마나 계속 생각할 수 있을지 시험해봅시다.

> 일을 할 때는 눈앞에 있는 업무에 똑바로 마음을 고정시키십시오. 그리고 조급하게 서두르지 말고 모든 일에 신중을 기합시다.

chapter 87
자신이 가진 역량만큼 행복해질 수 있다

●

　시간의 신은 시간을 계속해서 새기고 있습니다. 하루가 지날 때마다 당신이 이 세상에서 지낼 수 있는 날이 하루 적어지는 것입니다. 대부분의 사람들은 외적인 환경만을 통제하려고 합니다. 그렇게 하는 것이 자신의 성공과 행복을 좌우한다고 생각합니다. 물론 외부의 상황도 중요합니다.
　하지만 죽음을 맞이했을 때 우리가 가지고 갈 수 있는 것은 뛰어난 인격과 행위, 정신과 같은 자기 내면에 있는 선천적·후천적 자질 뿐입니다. 만약 당신이 그런 자질을 갖추고 있다면, 성공하지 못하는 건 아닐까 행복해질 수 없는 건 아닐까 하고 염려할 필요가 없습니다. 그 자질을 활용해서 외부적인 상황을 만들어나갈 수 있기 때문입니다.
　자기자신을 알아야 합니다. 자신의 장점을 발견하고 그것을 더욱 더 갈고닦으며, 동시에 자신의 단점을 발견해서 장점으로 바꿔

나갈 수 있도록 합시다. 주의 깊게 자신을 바라보면 참된 자신의 모습을 발견할 수 있습니다.

목표달성의 비결은 집중력, 바꿔 말하면 한 번에 한 곳에만 모든 힘을 기울일 수 있는 기술입니다.

꼭 잊지 말았으면 하는 것은 올바르게 생각하고 올바르게 살다 보면 반드시 행복해질 수 있다는 점입니다. 다시 말해, 당신은 자신이 가진 역량만큼 행복해질 수 있다는 것입니다. 행복하지 않은 사람들은 모두 이 세상에 태어났을 때부터 가진 권리를 포기하고 있는 것과 마찬가지입니다.

언젠가는 자신도 이 세상을 떠날 날이 온다는 사실을 잊지 마시고 무엇을 가져갈 것인지 한 번 생각해보십시오. 이것은 더욱 더 숭고한 힘에 집중할 수 있는 좋은 기회입니다. 지금 이 순간부터 무슨 일을 하든지 숭고한 자기자신이 해주는 조언을 따라 행동하도록 합시다. 만약 그렇게 된다면 조화로운 힘으로 당신의 인생 목표는 모두 채워질 것입니다. ●

당신은 자신이 가진 역량만큼 행복해질 수 있습니다. 행복하지 않은 사람들은 이 세상에 태어났을 때부터 가진 권리를 포기하고 있는 것과 마찬가지입니다.

세론 Q. 듀몬(Theron Q. Dumont)

인간 정신 속에 있는 커다란 가능성에 대해 여러 방면으로 연구하여 많은 저작을 남긴 윌리엄 워커 앳킨슨(Willam Walker Atkinson)의 펜네임이다. 1862년 미국 메릴랜드 주에서 태어난 그는 법학을 전공하여 변호사가 되었으나, 스트레스로 인해 심신의 건강을 해치고 경제적으로도 파탄한 후, 그것이 계기가 되어 신사상(New Thought) 운동과 조우하게 되었다. 저작물의 내용에 따라 다양한 펜네임을 사용했으며, 정신의학이나 동양사상, 비즈니스, 인간관계 등 폭넓은 테마로 생전에 100권 이상의 저서를 남겼다. 그 중에서도 영적인 시사점을 풍부하게 담고 있으면서도 일에서의 성공 또한 결코 부정하지 않는 이 책 『성공의 열쇠는 적성이나 재능이 아니라 집중력이다(The Power of Concentration)』는 한 세기에 걸쳐 전 세계적으로 꾸준히 읽히고 있다.

최준수

중앙대학교 졸업. 광고기획사에서 10여 년간 해외 관련 업무를 담당했으며, 현재 출판 기획 및 번역가로 활동중이다.

성공의 열쇠는
적성이나 재능이 아니라
집중력이다

지음 | 세론 Q. 듀몬
편역 | 최준수
초판 1쇄 발행 | 2006년 7월 15일
초판 5쇄 발행 | 2009년 11월 15일
펴낸곳 | 도서출판 **북뱅크**
펴낸이 | 최용선
등록번호 | 제1999-6호
등록일 | 1999. 5. 3
주소 | 403-132 인천광역시 부평구 십정2동 441(종근당빌딩 501호)
전화 | 032)434-0174, 441-0174 / 팩스 | 032)434-0175
E-mail : bookbank@unitel.co.kr
ISBN 978-89-89863-47-2 03840

※ 잘못된 책은 바꿔 드립니다.